결산서를 읽고 활용하는 방법

공인회계사
경영학 박사 **정병수** 지음

교육의 길잡이·학생의 동반자
(주)교학사

◇ 프롤로그(Prologue)
[영업부 박 과장의 고민은 하나 둘 풀리기 시작했다.]

　영업 담당 박 과장은 대학에서 역사학과를 졸업하고 동기생들이 부러워하는 행복주식회사에 운 좋게 입사한지 올 해가 만 7년이 된다. 소문대로 행복주식회사는 존경받는 경영진과 미래지향적인 4차 산업 제품 덕분에 친구들이 다니는 회사와는 달리 매년 성장을 거듭하고 있다. 당연히 보수도 상대적으로 높고, 복지후생 혜택도 두루 잘 되어 있는 편이다.

　'7년 전 내가 회사 선택 하나는 잘 했어!'라고 하면서, 그간 열심히 일을 한 결과 이제 어엿한 과장으로 승진도 하였다. 사회에 나가 비즈니스로 또는 친구에게 명함을 건넬 때엔 묘한 자부심마저 발동된다. 물론 지금의 위치가 되기까지는 남 모르는 노력이 없었던 것은 아니다. 돌이켜보면 대학생 때와는 비교가 안 될 정도로 근면 성실은 기본이고, 영업을 하는데 있어 필요한 외국어와 전문 지식을 습득하느라고 졸린 눈을 비빈 적이 한 두 번이 아니었다.

　고객을 대하는 매너도 세련되었다. 최근에는 솔직히 집 보다는 회사에 출근하는 것이 즐겁고 업무도 하루하루 신이 난다. 간혹 어려운 일이 닥쳐도 오히려 도전 정신으로 헤쳐 나가다 보니 희열을 맛보곤 한다. 이 모든 것은 박 과장 특유의 훤칠한 키에 준수한 용모, 그리고 부드러운 인상 등도 한 몫을 하지만, 회사 내 동기생들끼리 보이지 않는 선의의 경쟁도 저변에 흐르고 있음을 부인할 수 없다.

　박 과장은 인물 좋고 매너도 좋아 그야말로 회사의 짱으로 통한다. 그는 은근히 그런 시선을 즐기고 있는 듯하다. 그리고 언젠가는 행복주식회사의 임원이 되리라는 희망도 가져본다. 그런데 고민이 하나 있다. 풍부한 상식은 누구에게도 뒤떨어지지 않지만 상대 출신이 아니라서 그런지 경리나 회계 문제가 나오면 그만 위축되는 것이다. "대변과목과 차변과목을 반대로 기입했다"는 경리과 여사원의 지적이라도 듣는 날이면 온종일 일이 손에 잡히지 않는다. 벌써 한 두 번이 아니다. 그럴 때마다 결심한다. '회계를 꼭 배워야겠다!'고, '회사의 짱인 이 박 과장이 무슨 창피냐? 산전수전 다 겪은 난데……. 여사원도 하는 그 일을 몰라 이런 수모를 당하고 있단 말이냐?'

　사실 그는 그 동안 나름대로 노력을 한다고는 했다. 회계학 책을 구입해 공부해 보기도 했고, 친구에게 물어보기도 했으나, 그 이야기가 그 소리 같고 도무지 머리에 정리가 안 되는 것이다. 속이 상하지 않을 수 없다. 연말이면 경리과에서 영업부보고 대손충당금을 확정하라고 하는데, 그 때마다 이해가 안 된다.

　'돈(자금)을 다루는 경리과에서 얼마나 충당할 수 있을지 더 잘 알고 있으면서, 왜 자금을 만지지 않는 영업부더러 결정하라는 걸까?'

　그런데도 부장님이 조용히 있는 것을 보면 경리과의 요구가 틀리지는 않는 것 같고……. 박 과장은 혼자 속앓이를 하곤 했다.

'이 문제를 어떻게 해결하지?' 그렇다고 경리과장에게 묻자니 자존심이 허락하지 않는다. 고민하던 차에 친구의 형이 공인회계사란 걸 알고 상담을 받아 보기로 했다. 대학 선배이기도 해서 상담하는데 마음은 편하다. 경험이 풍부한 선배 회계사는 대화를 시작한지 얼마 안 됐는데도 마치 박 과장의 머릿속을 들여다보기라도 하듯이 박 과장이 무슨 고민을 하고 있는지 줄줄 풀어대는 것이다.

"예, 맞습니다."

"솔직히 말해서 박 과장은 경리 전문가가 되고 싶은 게 아니잖아? 또 경리 전문가가 되는 것이 불가능하지는 않겠지만 쉽지 않은 것도 사실이네. 그러니까 스마트폰을 잘 만들 생각하지 말고 활용만 잘하면 되겠지? 다시 말하면 경리 전문가가 만든 결산서를 정확하게 읽고 해독(解讀)할 수만 있으면 오케이 아니야? 맞지?"

"바로 그것입니다."

"그럼 내가 하라는 대로 해 줘! 피차 바쁘니까, 매주 토요일 이 곳에서 10시에 만나 2시간씩 8주 정도 시간을 낼 수 있겠어?"

"힘이 들긴 하겠지만, 한번 도전해 보겠습니다."

"박 과장! 지금이 마지막 기회야. 나도 최선을 다할테니 박 과장도 협력을 해야 돼. 그럼, 다음 주부터 시작하는 거야!"

선배 회계사는 시중의 책이 대부분 결산서를 만드는데 초점이 맞춰져 있으므로 박 과장을 위해서 특별 교재를 준비하기로 했다.

"선배님! 너무 고생하는 것 아닙니까?"

"대신 이번 프로젝트가 성공했다고 판단되면 두둑한 사례를 사양 않겠네. 반대로 만약 실패한 것이라고 판단되면 나는 댓가를 포기할 용의가 있네."

선배 회계사의 이야기를 듣자, 박 과장의 머리엔 희망의 무지개가 피어오르기 시작한다.

"그럼 다음 주 토요일에 보자고……. 그 전에 이메일로 8주차 교육 목차와 첫 주의 강의 내용을 보내겠네. 가벼운 맘으로 읽어 오면 더 좋고……"

"선배님! 첫날부터 숙제를 주네요!"

"박 과장! 도전은 아름다운 거야! 알지? 그럼 고고(go, go)!"

◇일러두기

1. 집필 목적

자동차 마니아라고 할지라도 자동차를 만들기는 쉽지 않습니다. 보통 사람들은 차를 만들기보다 운전을 배워 자동차를 편리하게 이용하면 됩니다. 결산이니 회계(會計)니 하는 것도 마찬가지입니다. 결산서(일명, 재무제표 財務諸表)는 회계전문가가 아니면 작성하기가 쉽지 않습니다. 그래서 이 책은 전문 회계 요원이 아닌 분들이 결산서를 읽고 해석하는 능력을 배양하고 또 활용하는 방법에 대한 길잡이 노릇을 할 목적으로 집필하였습니다.

2. 누구나 회계를 알 수 있다.

회계에 문외한인 영업부 박 과장이 회계에 눈 뜨고, 드디어 베테랑이 되는 과정을 프롤로그(Prologue)와 에필로그(Epilogue)를 통해 재미있게 그려 보았습니다. 이를 통하여 누구라도 회계를 정복할 수 있다는 것을 자연스럽게 느낄 수 있도록 하였습니다.

3. 내용 구성과 특징

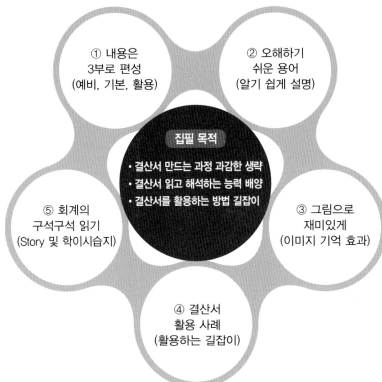

4. 세상은 아는 만큼 보인다고 합니다. 회계도 그렇습니다. 결산서를 알면 기업을 알게 되고, 주식 투자를 하더라도 그만큼 돈 벌 확률이 높아집니다.

2021년 8월
지은이 정병수 올림

목 차

제1부 결산서 예비편

제1장 / 결산서 예비지식

제2장 / 결산서 구하기와 읽는 방법

제2부 결산서(재무4표) 기본편

제3장 / 재무상태표

제1절 재무상태표의 이해

제2절 재무상태표 분석

제3절 재무상태표 계정과목 예시

제4장 / 포괄손익계산서와 제조원가명세서

제1절 포괄손익계산서의 이해

제2절 제조원가명세서의 이해

제5장 / 현금흐름표, 자본변동표, 주석, 이익잉여금처분계산서

제6장 / 재무제표 간의 연계성과 오해하기 쉬운 계정과목

제3부 결산서 활용편

제7장 / 결산서의 분석과 기업가치 평가

제1절 결산서의 분석

제2절 결산서와 주가 분석

제3절 신용평가와 기업가치 평가

제8장 / 부서별 결산서 활용과 결산서를 알고 상황에 잘 대처한 사례

제1부

결산서 예비편

도전 없이 성공 없다.
도전했다가 실패하면 50%만 실패하지만,
도전조차 않는다면 100% 실패한 것이다.
도전과 관련한 대표적인 우리나라의 기업인으로
현대그룹의 창업자이신 고 정주영 회장(1915~2001)이 떠오른다.
"이봐, 해봤어?"로 유명한 정주영 회장은 도전과 시련이 없는
편안한 일상은 상상하기 힘들었을 것이다.
자, 우리도 회계에 도전해 보자.
때로는 시련이 올지라도…….

제1장
결산서 예비지식

 제1절 단식부기와 복식부기의 이해

부기(簿記)라 함은 장부기록(帳簿記錄)의 준말이다. 인류가 개발하여 사용하고 있는 부기 방법은 단식부기와 복식부기 2종류뿐이다.

1. 현금출납부와 단식부기

1) 단식부기란?

재무상태표, 포괄손익계산서 등으로 구성된 재무제표만이 회계(會計)서류가 아니다. 개인의 출납부, 가족의 가계부, 동창회의 결산서도 좋은 회계 서류이다. 규모가 작은 조직의 경우 현금출납부(現金出納簿)가 오히려 돈의 흐름을 잘 보여줄 수 있다.

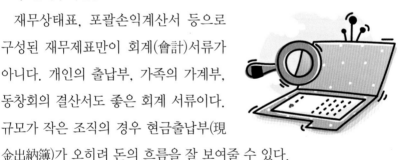

가계부나 출납부는 현금이 입금되면 입금 이유를 적요 란에 기록하고, 출금되면 출금의 이유를 적요란에 기록한다. 이처럼 현금의 수지(收支)를 기준으로 입금 원인 또는 출금 원인의 한 가지만 기록하는 방식을 단식부기(single-entry book-keeping, 單式簿記)라고 한다.

<그림 1-1> 현금출납부

현금출납부

(202Y. 1. 1. ~ 12. 31.)

(주)정수   (단위: 원)

일자	적요	현금출납부			비고[1]			
					당기 입금		당기 출금	
		입금	출금	잔액	매출	기타	매입	기타
202Y. 1. 1	전기이월			30,000				
1. 9	상품매출	11,000		41,000	11,000			
2. 8	상품매입		12,000	29,000			12,000	
3. 5	상품매출	15,000		44,000	15,000			
4. 15	은행차입	6,000		50,000		6,000		
5. 10	인건비 지급		8,000	42,000				8,000
6. 21	상품매입		15,000	27,000			15,000	
7. 17	상품매출	15,000		42,000	15,000			
7. 29	상품매입		8,000	34,000			8,000	
8. 19	통신비 지급		2,000	32,000				2,000
9. 14	비품매각	2,000		34,000		2,000		
10. 25	상품매출	9,000		43,000	9,000			
11. 9	은행차입	4,000		47,000		4,000		
12. 11	배당지급		5,000	42,000				5,000
계		62,000	50,000	-	50,000	12,000	35,000	15,000
					합계 62,000		합계 50,000	

1) 현금출납부는 원칙적으로 입금·출금·잔액의 3개 란이 있으나, 설명의 편의를 위해 임의로 비고란을 첨가하였다.

〈그림 1-2〉 현금수지 보고서

현금수지 보고서

(202Y. 1. 1. ~ 202Y. 12. 31.)

(주)정수   (단위: 원)

구 분	금 액	
1. 전기 이월(기초 현금잔액, 202Y. 1. 1)		₩30,000
2. 당기 입금액		62,000
1) 상품매출	50,000	
2) 은행차입	10,000	
3) 비품매각	2,000	
3. 당기 출금액		(50,000)
1) 상품 매입	35,000	
2) 인건비 지급	8,000	
3) 통신비 지급	2,000	
4) 배당금 지급	5,000	
4. 차기 이월(기말 현금잔액, 202Y. 12. 31)		42,000

2) 단식부기의 장단점

단식부기는 배우지 않아도 쉽게 알 수 있는 것이 장점이다. 더구나 규모가 작은 조직의 수지 계산에는 유익하다. 또한 현금 수지와 잔액을 바로 알 수 있다.

그러나 신용 사회인 오늘날 대부분의 거래는 외상거래인데 외상채권이 얼마인지, 아직 못 갚은 외상채무는 얼마인지 등을 알 수 없다는 것은 회계로써 치명적인 단점이다. 또한 현금이 따르지 않는 수익(收益)이나 현금이 따르지 아니하는 감가상각비 등 비용(費用)은 현금출납부에 표시되지 않기에 정확한 손익(損益) 계산이 될 수 없다는 것 역시 약점이다.

2. 베니스 복식부기의 출현

앞에 본 (주)정수의 202X년 12월 31일 현재의 재산은 현금 ₩30,000 외에 상품 ₩40,000과 자동차 ₩30,000이 더 있다고 하자. 그리고 그 재산을 보유하기까지는 밑천 ₩50,000이 투입되었고, 은행으로부터도 ₩40,000의 차입이 있었으며, 그리고 사업을 개시해서 지금까지 번 이익 ₩10,000도 있었다고 하자. 그렇다면 재산 상태와 자금의 원천에 대해 다음과 같은 대비 표를 만들어 볼 수 있다.

〈그림 1-3〉 (주)정수의 재무상태표(202X. 12. 31. 현재)

(단위: 원)

좌변(재산 현황)		우변(자금 원천)	
현금	30,000	은행차입	40,000
상품	40,000	밑천(자본)	50,000
자동차	30,000	이익금	10,000
총계	100,000	총계	100,000

〈그림 1-3〉을 어떻게 읽어야 할까?

> "(주)정수의 202X년 12월 31일 현재의 재산(자산)[2]은 현금 30,000원, 상품 40,000원 그리고 자동차 30,000원 합계 10,000원입니다. 이 재산을 조성하는데 들어간 자금원천은 부채인 은행차입금이 40,000원(40%)이고 밑천이 50,000원(50%) 그리고 그동안 번 이익금 10,000 원으로 충당했습니다."

한편 〈그림 1-2〉의 수지 내용을 갖고 손익을 계산하면 〈그림 1-4〉와 같다. 먼저 202Y.12.31. 기말 상품액이 55,000원이라고 가정을 해보자. 그러면 팔 수 있는 상품 총액은, 기초 상품 50,000 + 당기 매입 35,000

---

2) 회계에서는 재산 대신 자산(資産)이라고 하고, 채무 대신 부채(負債)라고 한다. 이에 대해서는 제2장의 [Story가 있는 회계]를 참고하기 바란다.

= 85,000원이 된다. 이 85,000원에서 기말에 상품 재고가 55,000원 남아있다고 가정했으니까, 매출에 대응되는 매출원가는 85,000 − 55,000 = 30,000원으로 산출되는 것이다.

다음으로 수익을 오른쪽(우변)에 표시하고 비용을 왼쪽(좌변)에 표시하여 각각의 합계를 더하면 수익 합계액이 비용보다 더 많다. 이 차액이 당기순이익 12,000원이다.

〈그림 1-4〉 손익계산서(202Y. 1. 1. ~ 12. 31.)

(주)정수 (단위: 원)

좌변(비용)		우변(수익)	
매출원가	30,000	매출액	50,000
인건비	8,000	이자수익	2,000
통신비	2,000		
소계	40,000		
당기순이익	12,000		
총계	52,000	총계	52,000

만약 수익이 52,000원 그대로인데, 비용이 60,000원으로 집계된다면 그 차액은 당기순손실 8,000원이 되는데, 〈그림 1-5〉와 같이 우변에 표시한다.

〈그림 1-5〉 손익계산서(202Y. 1. 1. ~ 12. 31.)

(주)정수 (단위: 원)

좌변(비용)		우변(수익)	
매출원가	30,000	매출액	50,000
인건비	17,000	이자수익	2,000
통신비	13,000	소계	52,000
		당기순손실	8,000
총계	60,000	총계	60,000

한편 202X. 12. 31.보다 1년이 지난 202Y년 12. 31. 재무상태는 아래와 같이 변한다. 여기에서 기말 상품재고는 앞에서 가정했듯이, 기초제품 50,000 + 당기구입액 35,000 − 매출원가 30,000 = 55,000원으로 계산된다. 이익잉여금은 기초 10,000 + 당기이익금 12,000 − 배당금 5,000 = 17,000이 된다. 이러한 내용중 재산을 좌변(차변)에 표시하고, 부채와 자본을 우변(대변)에 표시하면 〈그림 1-6〉와 같이 된다.

〈그림 1-6〉 재무상태(202Y. 12. 31. 현재)

(주)정수 (단위: 원)

좌변(재산 현황)		우변(자금 원천)	
현금	42,000	은행차입	50,000
상품	55,000	밑천(자본)	50,000
자동차	20,000	이익금	17,000
총계	117,000	총계	117,000

이렇게 현금출납부와는 달리 좌변과 우변의 양쪽에 금액을 표기하는 것을 복식부기라 한다. 복식부기를 사용하게 되면 위의 〈그림 1-4〉나

〈그림 1-5〉와 같은 손익계산서도 체계적으로 작성되고 〈그림 1-6〉과 같은 재무상태표도 자동적으로 표시할 수 있다.

베니스공화국의 수사(修士)이며 수학 교수였던 루카 파치올리(Lucas Pacioli)가 그 당시 베니스의 무역이나 상업에 사용되던 기록 방법을 1494년 최초로 정리한 이후 널리 사용되기 시작한 것이 복식부기가 되었다.

참고로 우리나라 개성의 〈사개 송도치부법〉에 대하여는 제2장의 〈Story가 있는 회계: 2. 4개 송도치부법〉을 참고하기 바란다.

※ 이탈리아 북부 베네치아를 중심으로 성립한 베네치아공화국은 8세기부터 1797년까지 약 1,000년간 존속하였다. 특히 십자군 전쟁 시 동서무역이 활발하게 이루어졌다.

 **제2절** **결산서의 이해**

1. 결산서는 무엇인가?

1) 결산서는 회사의 경영활동을 기록·집계한 것이다

결산서를 간단히 말하면,「회사의 경영활동을 기록·집계한 것」이라고 할 수 있다. 결산서의 공식 용어로는 재무제표(財務諸表)인데 "재무에 관한 여러 표"란 뜻이다.

회사를 보면 정말로 많은 경영활동이 있다. 은행에서 돈을 빌리거나 비품이나 소모품을 사거나, 상품을 사들이거나 그것을 고객에게 판매하거나, 사원에게 급여를 지급하는 등등....... 이러한 경영활동을 기록·집계한 것 가운데 숫자로 나타낸 결과가 '결산서(=재무제표)'이다.

〈그림 1-7〉 결산서와 여러 경영활동

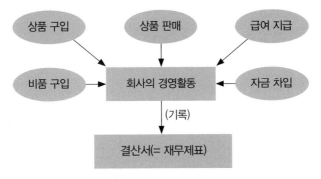

2) 결산서를 읽음으로써 회사의 경영활동을 알 수 있다.

"회사의 경영활동"과 "결산서"는 밀접한 관계가 있으므로, 결산서를 읽음으로써 그 회사가 어떠한 경영활동을 행하여 왔는가를 알 수 있다. 물론 "100% 전부를 다 안다."고 단언할 수는 없지만, 결산서를 이해하면 상당 부분을 파악할 수 있다. 결산서는 재무 정보의 보고(寶庫)이기 때문이다.

사업은 정보전(情報戰)이라고 해도 과언이 아니다. 사업에 투자하는 사람에게는 경영 정보 획득이 필수다. 그런데 이렇듯 중요한 정보를 얻었다고 하더라도 그 정보가 무엇을 의미하는지, 결산서를 읽을 줄 모른다면 보배를 썩히는 것과 같다.

2. 결산서는 왜 필요한가?

1) 결산서는 누구를 위해 만들까?

결산서를 작성하는 것은 쉽지 않다. 기업은 경리부 직원을 몇 명 또는 몇십 명이라도 고용해서 결산서 작성에 종사하도록 하고 있다. 즉, 결산서의 작성에 엄청난 비용과 시간을 들이고 있는 셈이다.

"그렇게 힘들면 안 만들어도 될 것 같은데?"라고 생각할 수도 있겠지만, 결산서는 이해관계자에게 회사의 실태를 정확하게 전달하는 중요한 역할이 있기 때문에 모든 기업에 작성하도록 법적으로 의무화되어 있다. 이는 대기업이나 상장기업에 국한되지 않고, 중소·영세 기업에도 마찬가지이다.

2) 이해관계자는 누구인가?

주주라면 "올해는 얼마만큼 배당을 받을 수 있을까? 주가는 앞으로 오를 것인가?"를, 은행이라면 "대출해 준 돈을 상환받을 수 있을까?"를, 세무당국이라면 "세금을 정확히 계산하고 있는가?"를, 거래처라면 "이 회사와 거래해도 대금을 받는데는 어려움이 없을까?" 등 이처럼 회사의 경영 활동과 성과, 향후 전망에 대해 갖가지의 관심과 의문을 지니고 있는 분들이 바로 이해관계자이다.

또한 경영자 자신도 경영에 모든 힘을 쏟고 있겠지만 "어디를 어떻게 개선하면 더욱 실적이 좋아질까?", "같은 업종의 다른 회사와 비교하여 우리 회사는 어디가 앞서고 어디가 뒤떨어지는 것일까?" 등등 궁금한 점은 끝이 없다.

그런데 회사가 이해관계자 각자에게 회사의 상황을 직접 설명하는 데는 어디에도 없다. 이러한 수요에 따라 결산서를 만들고, 이렇게 만든 결산서를 이해관계자에게 배포하여 읽도록 하는 것이다. 최근에는 지면을 통한 배포보다는 Web 상에서의 공개가 일반적인 형태로 바뀌고 있지만, 정보 입수의 방법을 달리할 뿐 원하는 정보를 구한다는 점에서는 같다고 하겠다.

〈그림 1-8〉 결산서와 이해관계자

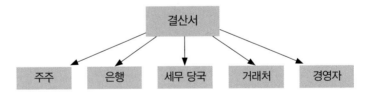

이해관계자들은 결산서를 읽음으로써 "이렇게 벌고 있으니 배당금도 늘어나겠네."라든지, "우선 도산하지는 않을 것 같은데……"라는 식으로 회사에 대한 궁금증과 불안감을 해소할 수 있다. 이렇게 결산서는 이해관계자에게 회사의 정보를 전달하는 중요한 도구의 역할을 하기 때문에 반드시 작성하게 되는 것이다.

3) 결산서는 '결산'과 '서류'가 합쳐진 말이다.

결산이라 함은 일정기간의 실적이나 보유하고 있는 재산의 명세를 밝히는 절차를 말한다. 회사는 사전에 규정되어 있는 [결산일]에 맞추어 결산일까지의 1년간 경영실적 등을 결산서에 정리하여 공시(公示)하고 있다. 이것은 모든 기업의 의무이다.

이러한 과정을 거쳐서 이해관계자는 1년 후 또는 그 이후까지 회사의 실태를 추정할 수 있게 된다. 덧붙여 1년간의 첫날을 기초, 최후의 날을 기말이라고 하고, 기초부터 기말까지의 1년간을 '회계기간' 또는 '회계연도'라 한다. 단, 1년간은 '1.1.~12.31.'이 많지만 '4.1.~익년 3.31.'처럼 시작이 달라도 1년의 기간만 정하면 되므로 다양하다.

〈그림 1-9〉 회계 기간

| 기초 | 회계기간(1년) | 기말 |

3. 결산서는 무엇으로 구성되는가?

결산서는 기본적인 2개의 서류 즉 [재무상태표]와 [포괄손익계산서]가 중심이다. 이 외에 비중이 약하기는 하지만 [현금흐름표]와 [자본변동표]의 2종류가 더 있어서 모두 4가지가 되는데, 이를 [재무 4표]라고 부른다.

먼저, [재무상태표]는 기말 시점(예를 들면 12월 결산인 회사라면 12월 31일 시점)의 재무 상태(재산을 얼마나 가지고 있고, 얼마큼의 채무를 지고 있는가 등[제3장 참조])을 일람하도록 정리한 것이다.

다음으로 [포괄손익계산서]는 회계기간(12월 결산 회사인 경우 1월 1일부터 12월 31일까지의 1년간, 회계기간은 1년을 초과할 수는 없다.)의 경영 실적(매출을 어느 정도 올렸고, 어느 정도의 비용이 들었고, 어느 정도 벌어들었는가 등[제4장 참조])을 나타낸 것이다.

아울러 [현금흐름표]는 회계기간에 현금이 얼마나 회사로부터 유출되고, 유입되었는가를 요인별로 나타낸 것이다. 한편 [자본변동표]는 기초의 자본이 기말의 자본으로 변경된 이유를 밝히는 것이다.

이상에서 [재무상태표]는 어느 시점의 재무 상태를 찍은 스냅(Snap) 사진이요, [포괄손익계산서 또는 손익계산서], [현금흐름표] 및 [자본변동표]는 과거 1년간의 실적을 계속 촬영한 동영상과 같은 것이라고 할 수 있다.

〈그림 1-10〉 결산서의 구성 체계

구분	내용과 종류			비고		
재무제표	숫자표	1. 재무상태표	기본 재무제표 (재무2표)	재무3표	재무4표	재무제표
		2. 포괄손익계산서				
		3. 현금흐름표				
		4. 자본변동표				
	5. 주석 (위 1~4의 숫자에 대한 설명 등)					
기타서류	a. 이익잉여금처분계산서 (또는 결손금처리 계산서)			상법과 법인세법에 따라 의무적으로 작성해야 함.		
	b. 제조원가명세서			제조기업의 경우 반드시 작성해야 함.		
	c. 계정과목별 부속명세서			재무4표 각 계정에 대한 세부 내용을 밝힘.		

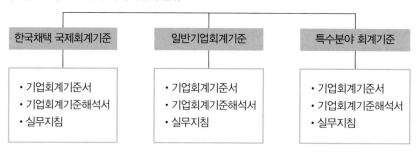

제3절 결산서 작성 기준

1. 회계기준

1) 왜 회계기준이 필요한가?

회계정보의 생산자(제공자)인 기업이 투자자 및 채권자 등에게 정보를 제공함에 있어 기업마다 상이한 내용과 형식으로 작성·보고된다면 이해관계자가 회계정보를 믿으려 하지 않을 것이다. 하나의 거래에 대하여 기업마다 측정하는 방법과 보고하는 형식이 다를 경우 회계정보 이용자가 여러 기업의 재무제표를 비교, 분석하는 것도 쉽지 않기 때문이다.

따라서 기업이 결산서(재무제표)를 작성, 보고하는데 있어서 준거해야 할 통일된 지침이 필요한데, 이 지침을 회계기준이라고 한다. 이러한 회계기준은 회계정보 제공자와 이용자 모두로부터 광범위한 지지를 받아야 하기 때문에 "일반적으로 인정된 회계원칙(GAAP)"이라고 부른다.

2) 우리나라 회계기준의 분류

〈그림 1-11〉 우리나라 회계기준의 분류

한국채택 국제회계기준	일반기업회계기준	특수분야 회계기준
• 기업회계기준서 • 기업회계기준해석서 • 실무지침	• 기업회계기준서 • 기업회계기준해석서 • 실무지침	• 기업회계기준서 • 기업회계기준해석서 • 실무지침

〈그림 1-11〉에서 보는 바와 같이 우리나라 회계기준은 '한국채택 국

제회계기준', '일반기업 회계기준', '특수분야 회계기준'의 3가지로 분류되며, 이들은 각각 '기업회계기준서'와 '기업회계기준해석서', 그리고 실무 편의를 위한 '실무지침'을 하위에 두고 있다.

3) 국제회계기준(IFRS)

자본시장의 세계화 추세에 따라 전세계적으로 신뢰성 있는 단일 회계기준이 필요하게 되었고 이를 우리나라 상장기업에 적용되는 회계원칙이라는 의미로 '한국채택 국제회계기준(K-IFRS)'이라고 부른다. 국제회계기준의 주요 특징은 다음과 같다.

가) 원칙 중심의 기준체계(principle-based standards)

상세하고 구체적인 회계처리 방법을 제시하기보다는 회계담당자가 합리적으로 회계처리할 수 있도록 회계처리의 기본원칙과 방법론을 제시(principle- based)하는 데에 주력하고 있다. 이는 기업의 활동이 복잡해짐에 따라 예측가능한 모든 활동에 대해 세부적인 규칙을 제시하는 것은 불가능하다고 판단했기 때문이다.

나) 연결재무제표(consolidated financial statements) 중심

국제회계기준은 종속회사가 있는 경우 연결재무제표를 주(主) 재무제표로 본다. 이에 따라 사업보고서 등 모든 공시서류가 연결재무제표 중심으로 작성되어야 한다.

다) 공정가치 평가(fair value accounting)

국제회계기준의 핵심 내용은 자본시장의 투자자에게 기업의 재무상태 및 내재가치(內在價値)에 대한 의미 있는 투자정보를 제공하는 것이다. 이를 위해 국제회계기준은 금융자산·부채와 유·무형자산 및 투자부동산에까지 공정가치 측정을 의무화 또는 선택 적용할 수 있도록 하고 있다.

2. 결합 재무제표와 연결 재무제표의 차이

연결 재무제표와 결합 재무제표의 차이는 혼동하기 쉬운데, 가장 중요한 차이는 기준이 "지분(몫)이냐, 사람이냐" 하는 점이다.

1) 결합 재무제표

결합 재무제표는 2개 이상의 기업이 '특정인'에 의해 지배되고 있는 경우에, 두 회사 간의 내부거래와 채권 채무를 상계하고 그 지배되고 있다고 판단되는 회사들의 지분율을 무시하고, 마치 100% 지분을 가진 것처럼 전체를 단순히 합하여 작성한 것이다.

결합 재무제표는 재벌이라는 독특한 기업집단이 있는 우리나라 이외에 다른 나라에서는 거의 사용하고 있지 않다. 우리나라에서는 매년 공정거래위원회가 지정하는 30대 기업집단이 결합 재무제표를 작성한다.

2) 연결 재무제표

연결 재무제표는 2개 이상의 회사가 법률적으로는 독립됐지만, 지분으로 보면 실질적으로는 지배·종속 관계에 있는 경우에 대상이 된다. 지배회사가 종속회사와의 채권 채무를 상계하고 내부거래를 제거한 후에 지배회사의 재무제표와 종속회사의 재무제표 중 종속회사에 대한 지배회사의 지분율 만큼만 합하여 작성한다.

따라서 결합 재무제표의 금액이 연결 재무제표의 금액보다 커지게 된다.

3) 사례

지배회사 갑은 자회사 을의 주식의 60%를 소유하고 있다고 하고, 갑과 을 간에는 내부거래가 없다고 가정하면 결합손익계산서와 연결손익계산서는 다음과 같이 계산된다.

〈그림 1-12〉 결합손익계산서와 연결손익계산서

(단위: 백만 원)

구분	지배회사 갑 (a)	자회사 을 (b)	결합손익 계산서 (c = a + b)	지분 60% (d = b * 60%)	연결손익 계산서 (e = a + d)
1. 매출액	50,000	10,000	60,000	6,000	56,000
2. 비용합계	40,000	8,000	48,000	4,800	44,800
1) 매출원가	30,000	6,500	36,500	3,900	33,900
2) 인건비	8,000	1,200	9,200	720	8,720
3) 통신비	2,000	300	2,300	180	2,180
3. 당기 순이익	10,000	2,000	12,000	1,200	11,200

3. 원가주의와 시가주의의 차이

재무상태표의 자산 금액을 어떤 기준으로 결정할 것인가에 대한 기준이다.

1) 원가주의

원가법(cost method)이란 재무상태표의 자산가액을 취득 당시의 원가로 표시하자는 주장이다. 이를 역사적 원가주의 또는 취득원가주의라고 부른다. 실제 거래가액이므로 객관적이라고 본다.

2) 시가주의

시가법(market value method)이란 재무상태표의 자산가액을 시가로 보고하는 방법이다. 예를 들어, 202X년 1월 1일에 원가 ₩10,000에 구입한 토지가, 202X년 12월 31일(결산일)에 ₩12,000으로 상승하였다면 202X년 12월 31일 재무상태표에 토지를 12,000원으로 기재할 것이다. 그런데 202Y년 3월 1일에 이 토지를 ₩13,000에 매각하였다고 가정하면 회계기간 전체의 양도차익은 원가주의 방법이나 시가주의 방법이나 모두 동일하나, 회계기간 별로는 보고이익이 다르게 된다.

〈그림 1-13〉 원가주의와 시가주의

(단위: 원)

구분	202X년	202Y년	합계
원가주의 하에서의 이익	0	3,000	3,000
시가주의 하에서의 이익	2,000	1,000	3,000

우리나라 회계원칙에서는 자산의 표시기준은 원칙적으로 원가법을 사용하도록 하고, 국제회계기준에는 공정가치(시가)의 사용을 허용하고 있다.

4. 현금주의와 발생주의의 차이

회계상 이익은 수익에서 비용을 차감하여 계산된다. 그런데 수익과 비용은 같은 회계기간에 발생하여 완료되기도 하지만, 그렇지 않은 경우도 많다.

예를 들어 판매업의 경우 ① 상품을 매입한 시점, ② 판매한 시점 및 ③ 대금이 회수된 시점이 모두 한 회계기간에 포함될 수도 있지만, 모두 다른 경우도 있다. 이런 경우 수익과 비용을 어느 시점에 인식하느냐에 따라서 손익이 달라진다. 바로 현금주의와 발생주의의 문제이다.

1) 현금주의

현금주의(現金主義, cash basis)란 수익은 현금을 받은 시점에 인식하고, 비용은 현금이 지급된 시점에 인식하는 방법이다. 이 현금주의는 인식된 수익과 수익을 창출하기 위하여 발생한 비용이 같은 시점 또는 같은 회계기간에 대응(matching)되지 못하여 경영성과를 합리적으로 계산하지 못한다.

2) 발생주의

발생주의(發生主義, accrual basis)는 수익과 비용의 인식시점을 현금의 입금이나 지급 시점과는 관계없이, 회계 거래나 사건이 실제로 발생한 시점 또는 그 시점이 속하는 회계기간에 인식하는 방법이다. 따라서 선급비용이나 미지급비용 등이 발생된다.

물론 비용의 인식은 관련된 수익이 인식되는 시점 또는 기간에 대응하여 발생시키는데, 이를 수익비용 대응의 원칙이라 한다. 비용을 대응시키는 방법은 다음과 같다.

① 직접 대응

수익과 직접적으로 인과관계를 찾을 수 있는 비용은 해당 수익과 연관시켜서 보고하는 것을 직접대응이라 말한다. 대표적인 직접적인 대응의 예는 매출원가이다. 판매수수료, 판매에 수반된 운반비 등도 해당 매출액에 직접 대응된 비용이라 할 수 있다.

② 간접(또는 기간) 대응

수익과 직접적으로 인과관계를 찾을 수 없는 비용은 수익이 보고되는 회계기간에 보고하게 되는데, 이를 간접 대응이라고 한다.

㉮ 배분

비용 중 수익과 직접적인 인과관계를 규명할 수 없는 비용은 배분(配分, allocation)한다. 유형자산의 감가상각비가 대표적이다. 보험료는 기간 귀속을 따져 당기 비용인지 선급(차기) 비용인지를 구분하여야 한다.

㉯ 즉시 인식

즉시 인식(卽時認識, immediate recognition)이란 발생 원가가 미래에 효익을 가져다줄 지 여부를 알 수 없는 경우에 원가가 발생한 기간에 전액을 즉시 기간 비용으로 인식하는 것을 말한다. 급료(인건비), 광고선전비, 소모품비 등을 예로 들 수 있다.

3) 사례

202A년에 원가 ₩10,000의 상품을 현금 매입한 후 202A년에 ₩20,000에 외상으로 판매하여 그 대금을 202C년에 회수하였다고 하자. 이를 현금주의로 수익과 비용을 인식하면 다음과 같다.

〈그림 1-14〉 현금주의 사례

구분	202A년	202B년	202C년	합계
1. 수익(입금)	–	–	20,000	20,000
2. 비용(지출)	(10,000)	–	–	(10,000)
3. 손익(1-2)	−10,000	–	20,000	10,000

즉, 수익은 현금이 회수된 202C년, 비용은 현금이 지급된 202A년에

각각 인식되어, 수익과 비용이 합리적으로 대응되지 못함을 알 수 있다.

반면에 이를 발생주의에 따라 이익을 측정하면 그 결과는 〈그림 1-15〉와 같다.

〈그림 1-15〉 발생주의 사례

구분	202A년	202B년	202C년	합계
1. 수익(입금)	–	20,000	–	20,000
2. 비용(지출)	–	(10,000)	–	(10,000)
3. 손익(1-2)	–	10,000	–	10,000

202B년도에 상품이 판매되었으므로 수익은 현금수수와 관계없이 202B년도에 인식하며, 비용 역시 수익이 인식된 202B년도에 인식하게 된다.

오늘날 일반적으로 인정된 회계원칙(GAAP)은 발생주의를 채택하고 있다. 다만, 발생주의를 적용할 때에 손익계산서의 당기순이익은 당기의 현금흐름과는 일치하지 않는다. 이러한 상황을 보완하기 위하여 손익계산서와는 별도로 추가적으로 「현금흐름표」를 추가 작성하여 재무4표 속에 포함시키고 있다.

STORY가 있는 회계

1. 숫자의 발견과 구분 표시

오늘날 우리가 쓰는 1, 2, 3, 4 등의 숫자는 인도에서 발명되어 아라비아 상인을 거쳐 유럽으로 전파된 것이기에, 「인도-아라비아」 숫자라고 한다.

인도-아라비아 숫자는 Ⅰ, Ⅱ, Ⅲ 등의 로마 숫자나, 一, 二, 三, 四 등의 중국 숫자에 비하여 쓰기가 쉽고 편리하다. 더 중요한 것은 0(zero)을 발견하여, 이를 십진법(十進法)으로 정립했다는 점이다.

인도-아라비아 숫자	1	2	3	4	5	6	10	50	100	500	1000
바빌로니아 숫자	∨	∨∨	∨∨∨	∨∨∨∨	∨∨∨∨∨	∨∨∨∨∨∨	◀	⫸	∨▷	∨∨▷	◀∨▷
이집트 숫자	Ⅰ	Ⅱ	Ⅲ	ⅢⅠ	ⅢⅡ	⌒	⌒	???	ℓ	eee ee	𝕏
로마 숫자	I	II	III	IV	V	VI	X	L	C	D	M
한자 숫자	一	二	三	四	五	六	十	五十	百	五百	千

숫자가 커지면 이를 알기 쉽게 구분하는 것이 필요하다. 영미 계통은 천(Thousand), 백만(Million), 십억(Billion), 조(Trillion)에 맞춰 3자리마다 콤마(,)로 구분한다.

가령, 10억은 1,000,000,000처럼 표시하고, 1,000 백만(million), 또는 1,000,000 천(thousand) 등으로 줄여서 표기하기도 한다. 우리가 읽기엔 다소 어색하다.

삼성그룹의 2대 회장인 이건희 회장은 2020년 10월 25일 향년 78세로 사망했지만, 심근경색으로 쓰러진 채 6년 5개월 동안 식물인간으로 누워 있는 불행한 삶이었다. 그가 남긴 재산은 26조 원인데, 이 중 미술품 3조 원과 의료분야에 현금 기부 1조 원을 합하여 4조 원을 사회에 기부하고도 유족들에게 22조 원을 남겼다. 22조 원에 대한 상속세는 12조 원으로, 역사상 가장 많은 액수란다.

우리나라와 중국 같은 동양권에서는 수를 나타낼 때 만(萬), 억(億), 조(兆), 경(京)이라고 하기 때문에 4자리마다 콤마(,)로 구분하는 것이 읽기에 쉽다.

예컨대, 앞에 나온 상속세 12조 원을 숫자로 표시하면 동양식은 4자리마다 구분하여 12,0000,0000,0000 원으로 표시할 수 있으나, 국제적으로 통용되는 방법은 3자리마다 구분하여 12,000,000,000,000원으로 표시한다. ♣

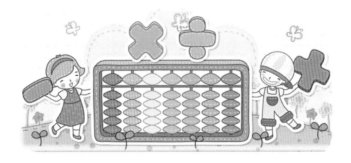

2. 회계의 분류

회계학(Accounting)은 기업이나 단체에 대한 재무정보를 수집, 정리, 비교하여 의사결정에 도움을 주고자 하는 학문 분야이다. 회계정보는 대부분 화폐 단위로 보고된다. 회계학은 다시 재무회계, 관리회계, 회계감사, 세무회계로 세분화된다.

〈재무회계와 관리회계〉

가) 재무회계는 회계의 중심 분야이고, 기본 재무제표(=결산서)의 작성과 보고에 관한 것을 다룬다. 또한 기업에는 재무제표를 중심으로 이해를 달리하는 이해관계자들이 수없이 많으므로 결산서 작성 기준과 양식이 정해져 있다.

그 결과 동일 회사의 과거와 현재 자료를 비교할 수 있고, 같은 산업체 내에서도 비교를 할 수 있는 것이다. 결산서는 내부 직원이 만들고 활용도 많이 하지만, 외부 이용자를 더 염두에 두고 비중도 많이 두고 만든다.

차이점	1) 재무회계 (Financial Accounting)	2) 관리회계 (Managenment Accounting)
이용자	외부자(주주, 채권자)	내부자(관리자)
주요 내용	재무제표 작성과 분석	기획, 통제, 의사결정 기법
재무보고서	조직 전체 결산보고서	부문/제품별 재무보고서, 조직 전체 예산보고서
사회적 기준 존재 여부	회계기준 준수	자율적 선택
요구되는 특성	객관성, 비교 가능성	경제성

나) 반면 관리회계는 정해진 양식이 없이 회사의 내부 의사결정을 위해 만든, 숫자가 들어간 보고서 또는 지표는 다 포함된다고 할 수 있다. 그 중에서 여러 회사에 중요하고 자주 발생하는 것만을 골라, 관리회계란 이름으로 교과서에 정리된 것이라 할 수 있다.

〈세무회계〉

세무회계는 회사의 소득에 대한 법인세를 결정하기 위한 회계이다. 법인세는 소득세 중 개인이 아닌 기업에 부과하는 것을 말한다. 다시 말하면 회계상의 당기순이익을 세무상의 사업연도 소득으로 조정하는 것이 필요하다. 이를 세무조정(稅務調整)이라고 한다.

따라서 세무회계 담당자는 재무회계에 대한 지식은 물론이고 그 위에 법인세법의 규정까지 알아야 세무조정이 가능한 것이다. 불성실신고 등에 대하여는 과세관청이 세무조사를 할 수 있다.

이에 대하여는 제6장의 〈Story가 있는 회계〉를 참조하기 바란다.

〈회계감사〉

재무회계에 대한 공시자료의 신뢰성과 투명성을 높이기 위하여 외부 회계감사를 실시하는데, 이도 회계의 한 분류이다. 회계감사 결과, 감사인은 4가지 의견(적정의견, 한정의견, 부적정의견, 의견거절) 중에서 한 가지를 결정하여 보고서를 내게 된다.

오해하지 말아야 할 것은 적정의견을 받았다고 하여 그 회사의 경영상황이 양호하다고 하는 것이 아니라, 결산서가 회계기준대로 작성되었다는 뜻이다. 따라서 결손이면서도 적정의견을 받을 수 있는 것이다. ♣

학이시습지(學而時習之)

※ 논어의 첫 문장으로 「학이시습지 불역열호(學而時習之 不亦說乎)」에서 인용한 것이다. 뜻은 "배우고 때때로 익히면 또한 기쁘지 아니한가?"로서, 복습하자는 의미이다.

1. 단식부기의 장점이 **아닌** 것은?
   ① 쉽게 이해할 수 있다.
   ② 규모가 작은 조직의 회계기록에 좋다.
   ③ 외상(신용)거래가 있는 경우 특히 뛰어난 기록 방법이다.
   ④ 재무를 보고하기에 편리하다.

2. 회계에 있어서 차변(借邊)과 대변(貸邊)은 좌변과 (   )을 뜻한다.

3. 복식부기에서 재무상태표의 차변(좌변)에는 주로 자금의 사용 결과인 재산 등을 표시하고, 대변(우변)은 그 재산을 어떻게 조달한 것인지에 대한 자금의 (   )을 표시한다.

4. 결산서를 **잘못** 이해하는 것은?
   ① 결산서는 회사의 경영활동을 기록하고 집계한 것이다.
   ② 결산서를 읽음으로써 회사의 경영활동을 알 수 있다.
   ③ 결산서는 회사의 외부 이해관계자를 위해 만든다.
   ④ 결산서는 결산과 서류가 합쳐진 말이다.

5. 결산서는 (   )와 포괄손익계산서의 2개, 그리고 그 보다는 비중이 약한 현금흐름표, 자본변동표의 2가지를 합하여 총 [재무4표]로 이루어진다.

6. 우리나라 회계기준이 <u>아닌</u> 것은?
   ① 한국채택 국제회계기준　　② 일반기업 회계기준
   ③ 특수분야 회계기준　　　　④ 국제회계기준

7. 우리나라 재무제표(재무4표)에는 포함되지 않지만, 상법과 법인세법에는 작성하도록 의무화되어 있는 서류의 명칭은?
   ① 재무상태표　② 손익계산서　③ 현금흐름표　④ 이익잉여금 처분계산서

8. 국제회계기준의 특징이 <u>아닌</u> 것은?
   ① 원칙 중심의 기준체계　　② 연결재무제표 중심
   ③ 공정가치의 평가　　　　④ 취득원가주의의 채택

9. 회계의 분류 중 주로 외부 이해관계자를 염두에 두고 작성하는 회계는?
   ① 재무회계　　② 관리회계　　③ 세무회계　　④ 원가회계

10. 큰 숫자의 경우 쉽게 읽을 수 있도록 (　　　)자리마다 콤마(,)로 구분한다. 다만, 동양권에서는 4자리마다 콤마(,)로 구분하는 것이 더 자연스럽다.

[정답]
1. ③　2. 우변 또는 오른쪽　3. 원천　4. ③　5. 재무상태표　6. ④　7. ④　8. ④　9. ① 　10. 3

제2장
결산서 구하기와 읽는 방법

 결산서 구하기

1. 전자공시시스템 (무료)

지피지기 백전불태(知彼知己 百戰不殆: 상대를 알고 나를 알면 백번 싸워도 위태하지 않다.)라는 사자성어가 있다. 굳이 전쟁이 아니더라도 우리 회사가 거래하는 상대 기업의 상황이 어떤지 미리 알고 있다면, 변화되고 있는 기업 환경에 잘 대응할 수 있다.

1) 전자공시시스템(DART)[3]

금융감독원의 전자공시시스템(http://dart.fss.or.kr, DART)를 통해서 기업의 정보에 대해 확인하는 방법을 알아보자. 여기에는 "외부회계감사에 관한 법률"에 따라 외부 회계감사를 받는 주식회사(직전년도 자산총액이 120억 원 이상 등)의 외부 회계감사보고서와 결산서(재무제표) 등이 공시되어 있다. 2020년 12월말 기준으로 약 23,000개의 회사가 해당된다.

---

3) DART 전자공시시스템 보는 방법, 작성자 이준희(https://blog.naver.com/shinhanfinance/221885233566)의 내용을 재편집함.

〈그림 2-1〉 DART 홈페이지 화면

홈페이지 화면에서 검색하고자 하는 기업의 회사명 또는 종목 코드를 입력하면 된다. 예를 들어 영등포구에 위치한 동인종합건설(백종서 대표)을 찾는다고 하자.

〈그림 2-2〉 DART 홈페이지에서 회사명 찾기

동일한 상호가 여럿 있는 경우, 위에서처럼 대표자, 업종 등으로 자신이 찾는 회사를 선택하고 확인 버튼을 누르면 된다.

〈그림 2-3〉 DART 홈페이지에서 회사별 검색

드디어 내가 찾는 회사의 검색창이 나타났다. 먼저 어느 시기의 결산서가 언제 공시되어 있는지 살펴보자.

[접수일자]를 보면 2021년 3월 29일에 2020년도 결산 감사보고서를 제출한 것을 확인할 수 있다. 2020년도 감사보고서를 클릭하면, 다음과 같은 창이 나타난다.

〈그림 2-4〉 감사보고서 예시

화면의 왼쪽에 보면, 재무상태표, 손익계산서, 자본변동표, 현금흐름표와 주석이 공시되어 있는 것을 확인할 수 있다.

우선 기업의 재무상태에 대해서는 자산과 부채, 그리고 자본이 어떻게 되는지 확인하고(차입금과 현금비율, 자산대비 부채비율, 유동자산과 유동부채 비율 등), 손익계산서를 통해서 매출액이 성장하는지를 살펴본다.

또한 영업이익이 중요한데 매출액에 비해 그 규모가 큰지 검토하고, 당기순이익이 흑자인지, 적자인지를 알아 본다.

그리고 현금흐름표를 통해 영업활동 현금흐름이 (+) 또는 (−) 인지를 파악하고, 아울러 설명문인 주석 부분을 통해서, 주주, 관계회사 재무상태표의 구체적인 내용 즉, 건설업의 경우 공사현황 등을 확인해 볼 수 있다. 아래는 주석(註釋)의 시작 부분으로서 전체적으로 꼼꼼히 살펴보는 것이 좋다.

〈그림 2-5〉 주석

다트(DART)에서 제공하는 자료의 공시 시한을 살펴보면, 회사의 보고서는 1년에 4번 공시되는데, 12월 결산 법인의 경우 다음과 같이 정기적으로 공시하도록 되어 있다.

〈그림 2-6〉 12월 결산법인의 경우 결산서 공시 시기

구분	결산 기간	누적 기간	공시 시한
1분기 보고서	1/1 ~ 3/31	1/1 ~ 3/31	5/15
반기 보고서	4/1 ~ 6/30	1/1 ~ 6/30	8/14
3분기 보고서	7/1 ~ 9/30	1/1 ~ 9/30	11/14
사업 보고서	10/1 ~ 12/31	1/1 ~ 12/31	3/31

분기·반기 보고서는 결산기간 종료후 45일 이내에 공시해야 하며, 연간 사업보고서는 90일 이내에 공시하여야 한다. 12월 결산법인을 예로 든다면 반기보고서는 6월 30일로부터 45일 이내인 8월 14일까지 공시해야 한다.

예컨대 주식 투자를 한다면 내가 관심이 있는 기업의 전자공시 시스템 내용을 되도록 많이 들여다 보는 것이 기업과 투자에 대한 확신을 높일 수 있는 방법이다. 어떤 사업을 하는 회사이고, 회사의 재무 상태와 손익은 어떤지를 확인하고 투자하는 것이, HTS(Home Trading System)의 호가 화면과 차트만 들여다보는 것보다는 훨씬 많은 정보를 파악할 수 있게 된다.

처음 접하는 회사라면 [회사의 개요]부터 보는 것이 좋다. 아울러 주의 깊게 살펴보아야 할 곳은 [사업의 내용], [재무에 관한 사항]이다. 이 부분의 정보만 자세히 분석하더라도 기업에 대한 정보의 대부분을 얻을 수 있다. 중요한 것은 사업보고서만 잘 분석할 줄 안다면, 시장에서 저

평가되어 있는 양질의 기업을 발견하기 쉬워진다는 점이다.

또한 사업보고서에는 투자자가 가장 궁금해 하는 회사 실적에 대한 원인 분석이 자세히 실려 있다. 이러한 내용이 사업보고서의 어디에 있는지 그 위치를 먼저 잘 알아두고, 독자 스스로 투자하고 있거나 장래 투자하고 싶은 기업의 사업보고서에서 정보를 획득하는 능력을 기르기 바란다.

아울러 사업보고서 중 [경영진단 및 분석 의견]을 보면 사업 실적의 증가, 감소에 대한 원인 분석이 있고, 앞으로 어떻게 사업을 영위해 나갈 것인지에 대한 전략이 나온다.

정보를 더욱 보충하기 위해서는 사업보고서에 첨부되어 있는 영업보고서도 읽어 보기를 권한다. 앞에서 설명한 [경영진단 및 분석 의견]과 영업보고서 첨부물은 분기·반기 보고서에는 실리지 않고 오직 연간 사업보고서에만 있는데 그 내용이 꽤 많은 편이다. 투자자가 궁금해 하는 내용이 풍부하게 수록되어 있으므로 관심있는 기업에 대해서는 시간을 가지고 찬찬히 읽어 보기를 권한다.

2. 크레탑 신용정보, 나이스 평가정보 (유료)

신용정보기관을 통한 기업정보는 유료 사이트이기 때문에 비용이 수반되는데, 크레탑 신용정보 홈페이지(www.cretop.com)에 들어가면 다음과 같이 나타난다.

〈그림 2-7〉 크레탑 신용정보 홈페이지 화면

크레탑 신용정보를 통하여 기업의 영업현황, 금융거래 현황을 비롯하여 재무정보와 재무분석 정보, 신용등급 등을 확인할 수 있다. 유료이니만큼 크레탑에서 제공하는 각종 서비스를 100% 활용하도록 하자.

〈그림 2-8〉 기업정보의 세부 내용

기업정보 🔒

브리핑 for CEO	기업일반	기업재무	기업신용
· 브리핑 for CEO	· 기업개황	· 개별재무제표	· 기업등급
	· 경영진	· 연결재무제표	· 기업신용정보
	· 주주/관계회사	· 재무분석	· 휴폐업/등기정보
	· 사업현황	· 재무제표신뢰도	· 행정처분정보
	· 활동성 현황		· 기업여신정보

한편 나이스 평가정보 홈페이지(www.niceinfo.co.kr)에 들어가면 아래 그림과 같이 나타나는데, 우리나라의 기업 정보와 여러가지 서비스를 다양하게 제공하고 있다.

〈그림 2-9〉 나이스 평가정보 홈페이지 화면

여기에서 다룰 결산서 사례는 동아알루미늄이다. 동아알루미늄 주식회사(DAC)는 인천광역시 서구 가재울로 54에 본사 및 공장을 두고 있으며, 1988년 7월 7일 텐트용 알루미늄 폴대의 제조 및 수출을 목적으로 설립하였다. 대표이사 라제건은 설립 당시부터 지금까지 한평생을 동아알루미늄 주식회사에 몸담아 제품개발을 위시하여 영업, 생산 및 관리 등 전반에 있어 베테랑이다.

2020년 6월 30일 현재 납입자본금은 14억 원이나 이익잉여금을 포함한 자본총액은 386억 원에 달하고 있으며, 임직원 수는 약 150명이다.

1. 독립된 감사인의 감사보고서 읽기

1) 감사보고서 원문

독립된 외부감사인의 감사보고서 본문

동아알루미늄 주식회사

주주 및 이사회 귀중   2020년 9월 15일

• 감사의견

우리는 동아알루미늄 주식회사(이하 "회사")의 재무제표를 감사하였습니다. 해당 재무제표는 2020년 6월 30일과 2019년 6월 30일 현재의 재무상태, 동일로 종료되는 양 보고기간의 손익계산서, 자본변동표, 현금흐름표 그리고 유의적인 회계정책의 요약을 포함한 재무제표의 주석으로 구성되어 있습니다. 우리의 의견으로는 별첨된 회사의 재무제표는 회사의 2020년 6월 30일과 2019년 6월 30일 현재의 재무상태와

동일로 종료되는 양 보고기간의 재무성과 및 현금흐름을 일반기업회계기준에 따라, 중요성의 관점에서 공정하게 표시하고 있습니다.

• 감사의견 근거

우리는 대한민국의 회계감사기준에 따라 감사를 수행하였습니다. 이 기준에 따른 우리의 책임은 이 감사보고서의 재무제표 감사에 대한 감사인의 책임 단락에 기술되어 있습니다. 우리는 재무제표 감사와 관련된 대한민국의 윤리적 요구사항에 따라 회사로부터 독립적이며, 그러한 요구사항에 따른 기타의 윤리적 책임들을 이행하였습니다. 우리가 입수한 감사증거가 감사의견을 위한 근거로서 충분하고 적합하다고 우리는 믿습니다.

• 재무제표에 대한 경영진과 지배기구의 책임

경영진은 일반기업회계기준에 따라 이 재무제표를 작성하고 공정하게 표시할 책임이 있으며, 부정이나 오류로 인한 중요한 왜곡표시가 없는 재무제표를 작성하는데 필요하다고 결정한 내부통제에 대해서도 책임이 있습니다. 경영진은 재무제표를 작성할 때, 회사의 계속기업으로서의 존속 능력을 평가하고 해당되는 경우, 계속기업 관련 사항을 공시할 책임이 있습니다. 그리고 경영진이 기업을 청산하거나 영업을 중단할 의도가 없는 한, 회계의 계속기업 전제의 사용에 대해서도 책임이 있습니다. 지배기구는 회사의 재무보고 절차의 감시에 대한 책임이 있습니다.

• 재무제표 감사에 대한 감사인의 책임

우리의 목적은 회사의 재무제표에 전체적으로 부정이나 오류로 인한 중요한 왜곡표시가 없는지에 대하여 합리적 확신을 얻어 우리의 의견이 포함된 감사보고서를 발행하는데 있습니다. 합리적인 확신은 높은 수준의 확신을 의미하나, 감사기준에 따라 수행된 감사가 항상 중요한 왜곡표시를 발견한다는 것을 보장하지는 않습니다.

왜곡표시는 부정이나 오류로부터 발생할 수 있으며, 왜곡표시가 재무제표를 근거로 하는 이용자의 경제적 의사결정에 개별적으로 또는 집합적으로 영향을 미칠 것이 합리적으로 예상되면, 그 왜곡표시는 중요하다고 간주됩니다. 감사기준에 따른 감사의 일부로서 우리는 감사의 전 과정에 걸쳐 전문가적 판단을 수행하고 전문가적 의구심을 유지하고 있습니다.

또한, 우리는

• 부정이나 오류로 인한 재무제표의 중요 왜곡표시 위험을 식별하고 평가하며 그러한 위험에 대응하는 감사절차를 설계하고 수행합니다. 그리고 감사의견의 근거로서 충분하고 적합한 감사증거를 입수합니다. 부정은 공모, 위조, 의도적인 누락, 허위진술 또는 내부통제 무력화가 개입될 수 있기 때문에 부정으로 인한 중요한 왜곡표시를 발견하지 못할 위험은 오류로 인한 위험보다 큽니다.

• 상황에 적합한 감사절차를 설계하기 위하여 감사와 관련된 내부통제를 이해합니다. 그러나 이는 내부통제의 효과성에 대한 의견을 표명하기 위한 것이 아닙니다.

• 재무제표를 작성하기 위하여 경영진이 적용한 회계정책의 적합성과 경영진이 도출한 회계 추정치와 관련 공시의 합리성에 대하여 평가합니다.

• 경영진이 사용한 회계의 계속기업 전제의 적절성과, 입수한 감사증거를 근거로 계속기업으로서의 존속 능력에 대하여 유의적 의문을 초래할 수 있는 사건이나, 상황과 관련된 중요한 불확실성이 존재하는지 여부에 대하여 결론을 내립니다. 중요한 불확실성이 존재한다고 결

론을 내리는 경우, 우리는 재무제표의 관련 공시에 대하여 감사보고서에 주의를 환기시키고, 이들 공시가 부적절한 경우 의견을 변형시킬 것을 요구받고 있습니다. 우리의 결론은 감사보고서일까지 입수된 감사증거에 기초하나, 미래의 사건이나 상황이 회사의 계속기업으로서 존속을 중단시킬 수 있습니다.

• 공시를 포함한 재무제표의 전반적인 표시와 구조 및 내용을 평가하고, 재무제표의 기초가 되는 거래와 사건을 재무제표가 공정한 방식으로 표시하고 있는지 여부를 평가합니다. 우리는 여러가지 사항들 중에서 계획된 감사 범위와 시기 그리고 감사 중 식별된 유의적 내부통제 미비점 등 유의적인 감사의 발견사항에 대하여 지배기구와 커뮤니케이션합니다.

서울특별시 영등포구 의사당대로 8(여의도동, 삼환까뮤빌딩 8층)

신한　회계법인

대표이사　이 상 문

이 감사보고서는 감사보고서일(2020년 9월 15일) 현재로 유효한 것입니다. 따라서 감사보고서일 후 이 보고서를 열람하는 시점 사이에 첨부된 회사의 재무제표에 중요한 영향을 미칠 수 있는 사건이나 상황이 발생할 수도 있으며, 이로 인하여 이 감사보고서가 수정될 수도 있습니다.

2) 외부 회계감사보고서의 읽기

위 회계 감사보고서에서 가장 핵심적인 내용은 첫 번째 문단인 〈감사의견〉 문단이다. 즉, 그 말미에 나오는 "우리의 의견으로는 …… 중요성의 관점에서 공정하게 표시하고 있습니다."이다. 즉 공정하게 표시하고 있다는 의견인데, 이를 적정(適正)의견이라고 한다.

참고로 외부감사 의견은 다음과 같이 4가지로 나뉘어져 있다.

가) 적정 의견

적정 의견(unqualified opinion)은 감사인이 독립적이고 감사 범위는 제한 없는 상태에서 재무제표가 회계기준이 정하는 바에 따라 적정하게 표시되어 있음을 나타내는 의견이다. 다만, 적정의견이라고 해서 기업의 경영성과나 재무상태가 양호하다는 것이 아님에 유의해야 한다. 경영성과는 나쁘더라도 재무제표가 회계기준에 따라 작성되어 있으면 적정의견을 표명한다.

적정의견에 대해서 보충설명을 하면, 동아알루미늄 주식회사의 재무제표가 일반기업회계기준에 따라 작성되었다는 뜻이지, 피감사 회사의 경영상태가 양호하다고 하는 것을 증명하는 것이 아니라는 사실이다.

즉, 결산서(재무제표)가 회계기준에 따라 작성되었다는 뜻이고 경영이 양호하다든가, 양호하지 않다는 것은 이해관계자들의 각자 판단에 맡긴다.

예를 들어 32기에 16억 원의 이익이 발생하였다 하더라도 그 업계에 비교하면 대단히 양호하다고 판단을 할 수도 있고, 경영실적이 미흡하다는 판단을 내릴 수도 있다. 참고로 재무제표의 작성 결과 결손이 100억 원이 발생하였다 하더라도 그 회계처리가 회계기준대로 했으면 그 감사보고서는 적정의견을 받는다.

나) 한정 의견

한정 의견(qualified opinion)이란 감사 범위의 제한이 있거나 어떤 특정 부분을 제외하고는 재무제표가 회계기준에 따라 적정하게 표시되어 있음을 나타내는 의견이다. 예를 들어, "감가상각비를 3억 원 과소 계상하여 당기이익이 3억 원 과대계상된 것을 제외하고는 적정하게 표시하고 있습니다."라고 기술되어 있다면 이는 한정 의견임을 뜻한다.

다) 부적정 의견

부적정 의견(adverse opinion) 재무제표 전체가 회계기준에 따라 작성되지 못하고 있음을 나타내는 의견이다.

라) 의견 거절

의견 거절(disclaimer opinion)이란 감사인의 감사 범위가 광범위하게 제한되었거나 독립성이 결여되어 있을 경우에 감사인은 "감사의견의 표명을 거절합니다."라는 사실을 감사보고서에 기술하는 의견이다. 의견 거절도 감사의견의 하나이다.

2. 결산서(재무제표) 읽는 방법

첨부된 결산서(재무제표)에는 동아알루미늄 주식회사가 작성한 2개 사업년도(제 32 기: 2019년 7월 1일부터 2020년 6월 30일까지, 제 31 기: 2018년 7월 1일부터 2019년 6월 30일까지)의 재무제표가 들어 있다.

대표이사는 라제건이고, 본점 소재지는 인천광역시 서구 가재울로 54 (032-577-8080)라고 되어 있다. 첨부된 재무제표는 1) 재무상태표, 2) 손익계산서, 3) 현금흐름표, 4) 자본변동표의 재무4표인데, 그 내용이

방대하다.

　결산서의 내용 중 가장 중요하고 기본적인 재무2표는 재무상태표와 손익계산서이다. 따라서 여기서는 우선 재무2표에 대해서만 요약하여 읽는 방법을 살펴보자.

　또한 재무2표를 읽을 때 앞의 〈2. 첨부 결산서(재무제표)〉에 나와 있는 것과 같이 원 단위까지 읽을 수도 있으나, 그렇게 되면 오히려 읽기가 복잡하고 의미를 전달하기가 쉽지 않으므로 편의상 억 원 단위로 재무2표를 요약한 후 읽도록 한다.

　1) 재무상태표 읽기
　가) 요약 재무상태표
〈그림 2-10〉 (주)DAC의 재무상태표

재무상태표

(주)DAC　　　　　　　　　　　　　　　　　　　　　　　　　　　(단위: 억 원)

자산	32기	31기	증감	부채와 자본	32기	31기	증감
1. 유동자산	256	195	61	부채총계	179	163	16
1) 당좌자산	164	114		1) 유동부채	94	54	
2) 재고자산	92	81		2) 비유동부채	85	409	
2. 비유동자산	329	365	(36)				
1) 투자자산	23	53		자본총계	406	397	9
2) 유형자산	293	299		1) 자본금	14	14	
3) 무형자산	1	2		2) 자본조정	(16)	(16)	
4) 기타	10	10		3) 이익잉여금	408	398	
자산 총계	585	560	25	부채와자본총계	585	560	25

나) 재무상태표 읽기

재무상태표는 정형화된 양식으로 되어 있다. 따라서 재무상태표를 읽으려면 양식에 나와 있는 용어에다 조사(助詞)를 더 붙이면 자연스럽게 해결된다. 다만, 중요한 것은 좌변(차변)과 우변(대변)의 관계를 정리하는 것, 즉 '자산'과 '부채 + 자본'의 관계를 어떻게 해석하느냐가 관건이다.

그 해답은 우변(대변)은 좌변(차변)에 대한 '자금의 원천'이라는 사실이다. 이 요령에 따라서 위의 재무상태표를 읽으면 아래와 같다.

> (주)DAC의 제32기 결산일(2020년 6월 30일) 현재의 재무상태는 자산 총액이 585억 원(이중, 1년 이내 현금으로 들어올 유동자산이 256억 원이고, 그 외의 비유동자산이 329억 원임.)이고, 이 자산을 조성한 [자금의 원천]은, 부채가 179억 원이고 자본이 406억 원이 됩니다. 참고로, 좌변 585억 원과 우변의 585억 원은 대차 균형의 원리에 따라 일치됩니다.

이상이 재무상태표를 간단하게 읽는 방법이다. 물론 회의의 성격이나 보고받는 사람의 회계 지식 정도에 따라서 더 자세하게 설명할 수도 있다. 재무상태표에 대한 이상의 읽기에 몇 가지 비율 분석을 추가하면 금상첨화이다.

예를 들면 (주)DAC의 경우 1년 이내에 갚아야 할 부채를 상환할 능력이 어떠한지를 측정하는 유동비율은 270%(유동자산 256억 원 / 유동부채 94억 원×100%)로 매우 양호하다. 자기자본 수익률인 ROE(Return on Equity)는 7.0%(당기순이익 29억 원 / 자기자본 406억 원×100%)로 만족한 수준이다.

2) 손익계산서 읽기

가) 요약 손익계산서

〈그림 2-11〉 (주)DAC의 손익계산서

손익계산서

(주)DAC   (단위: 억 원)

구분	32기		31기		증감	
	금액	비율	금액	비율	금액	증감율
1. 매출액	257	100.0%	273	100%	(16)	−5.9%
2. 매출원가	(184)	71.6%	(198)	73%	14	−7.1%
3. 매출총이익	73	28.4%	75	28%	2	
4. 판매비와 관리비	(40)	15.6%	(51)	19%	(11)	−21.6%
5. 영업이익	33	12.8%	24	9%	9	
6. 영업외수익	13	5.1%	10	4%	3	
7. 영업외 비용	(10)		(14)		4	
8. 법인세차감전순이익	36		20		16	
9. 법인세 등	(7)		(4)		(3)	
10. 당기순이익	29	11.3%	16	6%	13	

나) 손익계산서 읽기

재무상태표와 마찬가지로 손익계산서를 읽는 방법도 정형화된 손익
계산서 읽기는 손익계산서의 용어에다 조사를 첨가하면 자연스럽게 해
결된다. 다만, 재무상태표와는 달리 손익계산서가 일정 기간의 손익을
보여주는 것이므로 이익의 구분에 따라 매출총이익, 영업이익, 법인세
차감전 순이익, 당기순이익과 같이 구분하여 읽을 필요가 있다.

(주)DAC의 손익계산서에서 보는 바와 같이 제32기(2019년 7월 1일~ 2020년 6월 30일)의 매출액은 257억 원으로 전기에 비하여 5.9%가 감소하였습니다. 먼저 매출액에서 매출원가를 차감한 매출총이익은 73억 원으로, 다시 매출총이익 73억 원에서 판매비와 관리비 40억원을 차감하면 영업이익은 33억 원입니다.

영업이익 33억 원에다가 영업외 수익을 더하고 영업외 비용을 차감하면 법인세비용 차감전 순이익이 36억 원이 됩니다. 법인세비용 차감전 순이익 36억 원에서 법인세법에 의한 법인세비용 7억 원을 차감하면 당기순이익이 29억 원이 됩니다.

이상이 손익계산서를 가장 간단하게 읽는 방법이다. 여기에다가 몇 가지 비율을 추가하면 손익계산서를 더 잘 읽는 것이 된다. 예를 들면 1주당 당기순이익을 계산하면 다음과 같다.

① 주식수 = 발행주식 28만 주 – 자기주식 2만 주 = 26만 주

② 당기순이익: 29억 원

③ 1주당 당기순이익: 29억 원 / 26만 주 = 11,154원

따라서 손익계산서를 읽은 다음 마지막에 "1주당 당기순이익은 11,154원으로 계산됩니다."라고 첨언하면 더 좋은 읽기가 되겠다.

STORY가 있는 회계

1. 재산과 자산, 채무와 부채의 차이

전문 분야의 용어는 왠지 까다롭고 난해하다. 난해한 용어는 가능한 쉬운 용어로 변경하면 될 법한데 관행이나 법률 등을 핑계 삼아 고치지 않고 사용하고 있다.

예를 들어 병원에 가면 원무과에서 사용하는 용어 중에는 급여, 비급여라는 용어가 있는데, 알고보면 의료보험 대상인지 또는 대상이 아닌지를 말하는 것이므로 보험, 비보험이라고 하면 누구나 쉽게 이해할 수 있을 것이다. 회계에서도 그런 것이 있다. 대손충당금이 대표적이다. 대손충당금의 회계적 의미는 대손예상액이다. 돈과는 상관없다.

반면 일상생활에서 사용하는 용어를 회계 용어에서도 그대로 사용해도 될 것 같은데, 굳이 새로운 용어를 만들어 사용해야만 할 때도 있다. 아래가 바로 그런 경우다.

가) 자산(資産)과 재산(財産)

재무상태표 계정과목을 보면 그 실제의 의미는 예금, 외상채권, 재고자산, 부동산 등으로 볼 수 있으므로 민법에서 말하는 재산에 해당한다. 그런데 회계에선 재산이라고 하지 않고 자산이라 한다.

이렇게 구분하여 부르는 이유는 학문이 성립되려면 어떤 용어가 그에 해당하는 항목을 예외 없이 설명할 수 있어야 하는데, 회계의 좌변(차변) 항목이 대부분 재산이지만 재산이 아닌 것이 몇 개 있으므로 부득이 자산(asset)이라는 새로운 용어를 만들어 쓰는 것이다.

재산이 아닌 대표적인 계정과목이 미수수익이다. 예를 들어 12월 말

결산 법인의 경우에 7월 1일에 10억 원을 1년 만기, 4%로 예금했을 때, 이듬해 6월 30일이 되어야 은행에서는 예금이자를 주게 될 것이다. 따라서 예금한 회사가 12월 말 결산시에 수입이자 해당액을 계산하면 10억 원 * 0.04 * 1/2 = 2백만 원이 계산되나, 이는 회계에서만 고려할 뿐이지 은행에서는 12월 말에 이자를 지급할 채무가 발생하지 않는다.

미수이자는 민법에서의 재산은 아니지만 자산에는 반드시 포함되다 보니, 재산이라는 용어를 사용하지 못하고 대신 자산이라는 용어를 만들어 쓰는 것이다.

일상생활에서는 자산이나 재산이나 별 차이 없이 통용될 수도 있는 용어이지만, 회계에서는 엄격하게 구분되는 개념이다. 정리하면 결국 '자산'의 범위가 '재산'보다 넓다.

나) 부채(負債)와 채무(債務)

부채와 채무의 관계도 자산과 재산의 차이와 유사하다. 민법상 채무는 모두 부채로 계상되나, 회계상의 부채에는 민법상의 채무가 아닌 것도 포함된다.

위 사례에서 보면 은행에서는 채무를 익년도 6월 30일에 지급하면 되지만, 매월 발생액을 미지급비용이라고 분류하여 부채로 계상하는 것이다. 즉, 미지급비용은 민법상 채무는 아니지만 회계상 부채에는 포함되는 것이다. ♣

2. 4개 송도 치부법

1) 우리나라에서 일찍이 독특한 방법으로 복식부기가 발전하여 왔으며, 그 발생 시기도 서양보다 200년 이상 앞선다고 한다. 즉, 고려시대의 개성상인들이 사개송도 치부법(四介松都治簿法)을 사용하였다고 한다. 다행히 개성상인의 복식부기 장부 14권을 2013년 발굴하였다고 한다.

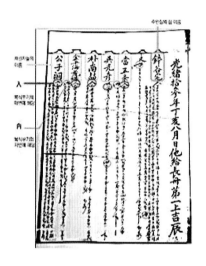

2) 위 사진은 북한 사회과학원이 소장한 1786년 개성상인 부채장부의 한 쪽이다. 세모꼴 기호 밑에 주인의 이름과 채권자들의 이름, 자기자본과 타인자본 명세가 세로쓰기로 나란히 씌어 있다. 문서 곳곳에 보이는 내(內) 자와 입(入) 자가 각각 복식부기의 차변과 대변에 해당한다고 한다.

3) 왼쪽 하단의 사진은 개성상인의 후손인 박영진 씨가 소장한 1887~1912년 회계장부들이다. 개성상인이 19세기에도 현대식 복식부기를 사용했음을 보여주는 자료로, 지금까지 알려진 현대식 복식부기 실무 회계기록 가운데 한국뿐 아니라 세계에서도 가장 앞선 것으로 평가된다.   (박영진 씨 제공)

4) 한편 한국공인회계사회에서는 우리 회계 유산의 우수성을 부각하고 회계의 대중화를 위해 『세계가 놀란 개성 회계의 비밀』이란 서적을 발간했다. 이 책에서는 세계 최초·최고의 복식부기인 개성 회계부터 세종대왕, 이순신 장군의 회계장부에 이르기까지 회계 기록물과 제도를 소개하고 있다. ♣

학이시습지(學而時習之)

1. 2020년 12월 말 현재 외부회계감사를 수감받는 우리나라 주식회사의 수는?
   ① 약 15,000개   ② 약 20,000개   ③ 약 23,000개   ④ 약 30,000개

2. 우리나라 금융감독원에서 무료로 제공하는 전자공시시스템을 무엇이라고 하는가?
   ① MOEF   ② FSS   ③ DART   ④ GAAP

3. 신용정보를 얻기 위한 인터넷 사이트가 아닌 것은?
   ① 크레탑   ② FnGuide   ③ 나이스신용정보   ④ DART

4. 외부 회계감사보고서에서 확인할 수 없는 것은?
   ① 회계감사의견   ② 재무상태표   ③ 주석   ④ 특허권 보유수와 내용

5. 외부 회계감사보고서의 감사의견 문단에는
   "…… 일반기업회계기준에 따라, 중요성의 관점에서 공정하게 표시하고 있습니다."라고 할 때, '공정하게 표시하고 있다.'는 뜻은 무엇일까?
   ① 회사 실적이 양호하다.
   ② 회사 내부 통제가 잘 되어 있다.
   ③ 결산서가 회계기준에 따라 작성되어 있다.
   ④ 회사의 경영진이 양심적이다.

6. 다음 중 외부회계감사에서 적정의견을 표명할 수 있는 조건을 설명한 것이다. 해당되지 <u>않는</u> 것은?

① 감사인의 독립성 유지　　　② 투자 대상으로서의 적정성

③ 감사 범위의 제한이 없음.　　④ 회계처리가 회계기준에 따른다.

7. 회계에서의 자산 계정과목을 보면 대부분 민법에서 말하는 재산이다. 그런데 회계에선 자산이라고 하는 것은 재산이 <u>아닌</u> 계정이 있기 때문이다. 아래에서 어느 것일까?

① 예금　　② 외상채권　　③ 건물　　④ 미수수익

8. 민법상 채무는 모두 부채로 계상되나 회계상의 부채에는 민법상의 채무가 <u>아닌</u> 것도 있다. 아래에서 어느 것일까?

① 차입금　　② 외상매입금　　③ 미지급비용　　④ 사채

9. 오늘날의 복식부기는 1494년 베니스 복식부기에서 정리된 서양 부기이다. 우리나라의 4개송도 치부법은 언제부터 사용되었을까?

① 서양부기보다 200년 전부터　　② 서양부기보다 100년 전부터

③ 서양부기와 동일한 시기　　　　④ 서양부기보다 100년 늦은 후부터

10. (　　　)은 재무4표의 숫자에 대한 근거와 내용을 보충하는 자료 또는 설명문이다.

[정답]

1. ③　2. ③　3. ②　4. ④　5. ③　6. ②　7. ④　8. ③　9. ①　10. 주석

제2부

결산서(재무4표)기본편

모든 기업은 회계 기록을 기반으로 운영된다.
그래서 회계를 기업의 언어라고 부른다.
만일 회계 관련 언어를 구사하지 못하면
업무에 대한 폭넓은 대화를 나눌 수가 없다.
따라서 회사 업무에 필요한 최소한의 회계 용어와
재무제표에 대한 이해와 사용법을 알 필요가 있다.
그것은 직장 생활의 기본이자,
승진 등 성공의 열쇠이기도 하다.

제3장
재무상태표

제1절 재무상태표의 이해

1. 재무상태표는 무엇으로 구성되어 있는가?[4]

1) 재무상태표란?

재무상태표는 회사가 어떤 자산을 얼마나 가지고 있는지, 또 부채를 얼마나 지고 있으며 밑천인 자본은 얼마인지를 나타내는 일람표이다.

> 회계에서는 재산이라고 하지 않고 자산(資産)이라 하고, 채무라고 하지 않고 부채(負債)라고 한다. 제2장 〈STORY가 있는 회계〉를 참조하기 바란다.

얼핏 보기에는 재무상태표가 숫자의 나열처럼 느껴지기도 하지만, 간단한 그림으로 그려보면 핵심 포인트가 보인다. 크게 3가지 범주로 나누는데, [자산], [부채], [자본]으로 구성되며, 이를 아래의 〈그림3-1〉과 같이 그려볼 수 있다.

재무상태표를 그릴 때에는 [자산]을 왼쪽에, [부채]와 [자본]을 오른쪽에 표기한다.

---

4) 「결산서를 읽는 방법, 활용 방법」, 가와구치 히로유키(川口 宏之), 일본능률협회 경영센터, 2020. 3., (pp28~32)를 참고하였음.

〈그림 3-1〉 재무상태표의 구성

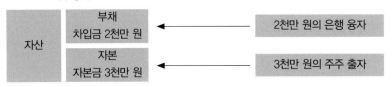

2) 재무상태표에 기재되는 것

우선은 재무상태표 그림의 오른쪽 상단에 있는 [부채]부터 살펴보자. 부채는 주로 은행 등에서 빌린 돈으로, 예를 들어 은행으로부터 2천만 원을 빌리면 부채에 [차입금 2천만 원]이라고 기재한다. 오른쪽 하단에 있는 [자본]은 주로 주주들의 출자로 구성되어 있다. 예컨대 주주로부터 3천만 원의 출자를 받으면 자본에 [자본금 3천만 원]이라고 기재한다.

〈그림 3-2〉 자산의 변화

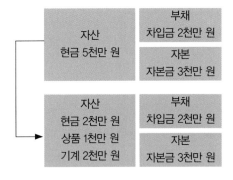

이번에는 그림에서 왼쪽(차변), 즉 [자산] 란을 보자. 자산은 은행이나 주주들에게서 모은 자금을 어디에 투자했는지 또는 사용하였는지를 나타내고 있다. 앞의 예로 보면, 은행에서 2천만 원, 주주로부터 3천만 원, 총 5천만 원의 자금을 모은 상태이다. 만일 이를 쓰지 않고 금고에 보관해 둔다면, 〈그림 3-2〉의 윗 그림과 같이 자산에 [현금 5천만 원]이라고 기재될 것이다.

하지만, 모은 자금을 잠재워두고는 사업이 시작되지 않으므로 조만간 제조용 설비를 사거나, 판매용 상품을 사들이거나, 다양한 자산에 투자하게 된다. 그 결과 상품 1천만 원, 기계장치 2천만 원, 현금 2천만 원을 보유하고 있다고 가정하자. 즉, [현금]으로부터 다양한 종류의 [자산]으로 변해 가는 것이다. 이러한 변화의 결과 기말 시점에는 어떠한 형태로 되어 있는지가 재무상태표의 자산 란에 적히게 되는 것이다.

은행이나 주주로부터 빌린 돈은 모두 자산이 되기 때문에 [부채]와 [자본]의 힙게는 반드시 [자산 합계]와 같은 금액이 되어야 한다. 이를 대차 균형(동액)의 원리라고 한다.

3) 부채와 자본의 차이

〈그림 3-3〉 **부채와 자본의 차이**

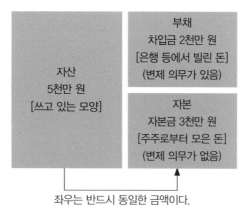

좌우는 반드시 동일한 금액이다.

부채와 자본은 [자금의 조달 원천]이라는 면에서는 같다. 자산은 [자금의 운용 형태]를 나타낸다. 그리고 앞에서 설명했듯이 부채와 자본의 합계 금액은 자산 총액과 반드시 일치하도록 되어 있는데, 이 간단한 논리가 복식부기의 신비이다.

그러면 같은 [자금의 조달 원천]임에도 불구하고 부채와 자본으로 나누고 있는 이유는 무엇일까? 그것은 양자에게 중요한 차이, 즉 변제 의무가 다르기 때문이다. 부채는 변제의무가 있는데 비하여 자본은 변제 의무가 없다. 이러한 차이를 통하여 기업의 실체를 읽어 낼 수가 있으므로 부채와 자본을 명확하게 구분할 필요가 있다.

2. 자산, 부채, 자본의 주요 내용

1) 자산

「자산」이란 현금·예금과 그로 인하여 장래에 돈이 늘어날 것으로 예상하는 (+) 재산으로서 회사가 가진 재산이나 회사가 이익을 얻기 위하여 이용할 수 있는 권리 등을 말한다. 대표적인 것으로는 받을어음, 유가증권, 상품, 건물이나 기계장치, 공구 기구 비품, 차량운반구 등이 있다(본장의 제3절 재무상태표 계정과목 예시를 참고).

여기서 알아 두어야 할 것은 [유동자산]과 [비유동자산]의 구분이다. 자산을 세분하면, 1년 이내에 현금화할 것으로 예정된 유동자산과, 현금화되는 데에 1년을 초과하는 비유동자산으로 나뉜다. 예를 들어, 회사가 재고로 보유하는 [상품]은 통상 1년 이내에 판매되어 현금을 받을 수 있다. 또한 판매대금이 미회수된 [외상 매출금]도 통상 1년 이내에 현금으로 회수되는 것이 일반적이다. 그렇기 때문에 유동자산으로 구분된다.

한편, 건물이나 기계장치 등은 구입 후 1년 이내에 매각하는 일은 거의 없을 것이다. 이들은 회사가 본래의 영업에 사용함으로써 결과적으로 수익을 창출하는 것이므로 비유동자산으로 구분된다.

〈그림 3-4〉 자산의 구분

- 유동자산(1년 이내에 현금이 되는 것, 1년이라 함은 결산 기간이 통상 1년이기 때문)
  (예) 현금, 예금, 받을어음, 외상 매출금, 유가증권, 상품, 제품, 원재료, 미수금 등

- 비유동자산(1년을 넘어야 현금화되거나 처분하지 않을 자산)
  (예) 건물, 구축물, 기계장치, 공구 기구 비품, 차량운반구, 토지, 건설가계정, 리스자산, 영
  업권, Software, 투자 유가증권, 자회사 주식, 출자금, 보증금 등

2) 부채

「부채」란, 그로 인하여 장차 돈이 줄어드는 (−)의 재산이며, 상환의무가 있는 빚이나 지급 의무가 있는 채무를 말한다. 부채에는 은행으로부터의 차입금, 업체에 대한 외상매입금, 미지급금, 미지급비용, 미지급 법인세 등이 있다.

〈그림 3-5〉 부채의 구분

- 유동부채(1년 이내에 지급해야 하는 채무)
  (예) 지급 어음, 외상매입금, 미지급금, 단기 차입금, 선수금, 미지급 법인세 등

- 비유동부채(지급 기한이 1년을 넘는 채무)
  (예) 장기차입금, 사채, 퇴직급여 충당부채 등

3) 자본

「자본」이란, (+) 재산이 되는 자산에서 (−) 재산이 되는 부채를 뺀 것으로서, 주주에게 귀속되는 순 재산을 말한다.

구체적으로는 자본금, 자본잉여금, 이익잉여금 등이 있다. 자본금과 자본잉여금은 모두 주주들이 출자한 것인데 비해, 이익잉여금은 회사가 벌어들인 이익이 누적된 결과이므로 성격이 확연히 다르다.

> • 자본금: 주주로부터 출자 받은 주식의 액면 가액
> • 자본잉여금: 주주로부터 받은 출자 중 자본금을 초과하는 것
> • 이익잉여금: 회사가 벌어들인 이익이 누적된 것

3. 재무상태표의 양식

1) 재무상태표의 양식

재무상태표의 양식은 보고식과 계정식으로 구분된다. 보고식이란 재무상태표를 자산·부채·자본 순으로 나열하여 작성한 것이다. 계정식이란 T자 형식(이를 T계정이라고 부른다)을 이용하여 좌변(차변)에는 자산을, 우변(대변)에는 부채와 자본을 대응하는 형식으로 표시한 것이다.

재무상태표는 대차 평균의 원리[5] 또는 균형의 원리(principle of equilibrium)에 따라 작성하기 때문에 좌우가 반드시 일치하여야 한다.

2) 유동성 배열법

자산과 부채를 나열할 때 유동성이 큰 것부터 먼저 표시하는 것을 유동성 배열법(流動性 配列法)이라 한다. 따라서 비유동자산보다는 유동자산을 먼저 나열하고, 유동자산 중에서도 유동성이 큰 계정부터 차례로 나열한다. 부채도 동일한 방법으로 비유동부채보다 유동부채를 먼저 나열한다.

---

5) 대차평균의 원리란 좌변(차변)과 우변(대변)의 금액은 항상 동일해야 한다는 원칙으로, 이는 복식부기의 기본 원리이기도 하다. 예를 들어 현금 10,000원으로 상품 10,000원을 구입했을 때, 분개(왼쪽과 오른쪽으로 나누어 기록하는 것)을 다음과 같이 양변에 같은 금액을 쓰기 때문이다. 좌변(차변) 상품 10,000 / 우변(대변) 현금 10,000

<그림 3-7> 계정식 재무상태표의 예

재무상태표

(202X년 12월 31일 현재)

(주)정수   (단위: 백만 원)

과목	금액		과목	금액	
I. 유동자산		20,000	I. 유동부채		13,000
(1) 당좌자산		15,000	1. 매입채무	6,000	
1. 현금및현금성		10,000	2. 단기차입금	5,000	
자산			3. 미지급법인세	2,000	
2. 매출채권	6,000		II. 비유동부채		15,000
대손충당금	(1,000)	5,000	1. 사채	10,000	
(2) 재고자산		5,000	2. 장기차입금	5,000	
1. 상품	5,000		부채총계		28,000
II.비유동 자산		26,000	자본		
(1) 투자자산		5,000	I. 자본금		12,000
1. 매도가능금융	3,000		1. 보통주자본금	12,000	
자산			II. 자본잉여금		5,000
2. 투자부동산	2,000		1. 주식발행초과	5,000	
(2) 유형자산		15,000	금		
1. 토지		10,000	III. 이익잉여금		2,000
2. 건물	7,000		1. 이익준비금	1,000	
감가상각누계액	(2,000)	5,000	2. 처분전 이익 잉	1,000	
(3) 무형자산		6,000	여금(당기순이		
1. 영업권	3,000		익: 600)		
2. 산업재산권	2,000		IV. 자본 조정		(1,000)
3. 개발비	1,000		1. 자기 주식	(1,000)	
			자본총계		18,000
자산총계		46,000	부채와 자본 총계		46,000

4. 재무상태표의 한계

재무상태표를 해석할 때는 몇 가지 한계가 있다는 것을 인식하고 이용하여야 한다.

1) 기업의 경제적 자원이라고 해서 모두 자산으로 계상되는 것은 아니라는 점이다. 예를 들어 탁월한 경영진·우수한 연구개발인력·브랜드 가치 등은 매우 중요한 자산임에도 불구하고 객관적인 화폐로 측정할 수 없어서 자산으로 계상되지 않고 있다.

2) 자산은 취득할 때의 가격(이를 '역사적 원가'라 함)으로 표시되고 있다. 따라서 화폐가치가 불안정한 상황에서는 시가를 나타내지 못한다. 예를 들면 10년 전에 구입한 토지가 10억 원이었는데 현재의 시가로는 30억 원이 될 수도 있으나, 회계에서는 자의성을 배제하기 위하여 구입가로 표시하고 있다. 또 한국채택 국제회계기준에서는 공정가액으로 표시한다.

3) 재무제표를 작성하고 보고하는 과정에서 추정이 따르고, 이를 회계처리하는 방법도 여러가지를 복수로 허용하고 있다는 점이다. 예를 들어 10억 원 하는 같은 기계장치라 하더라도 감가상각비를 정액법으로 배부하느냐, 아니면 정률법으로 배부하느냐에 따라서 같은 날 같은 금액으로 구입한 것이라도 재무상태표에 계상된 기계장치의 장부가액(취득가액 - 감가상각누계액)은 달라지게 되는 것이다.

5. 재무상태표 읽기

종종 회계 초보자들에게 위의 〈그림 3-7〉 재무상태표를 읽으라고 하면 "자산 총액은 460억 원이고, 부채와 자기자본도 460억 원으로 대차가 일치합니다."라고 말하고는 끝낸다. 물론 그 자체가 틀린 것은 아니나, 제대로 읽었다고 보기가 어렵다. 그렇게 읽고서는 활용할 수가 없기 때문이다.

그러면 어떻게 읽어야 좋을까? 이에 대해서는 제2장에서 설명한 바와 같다. 다만, 한 가지 꼭 기억해야 할 것은 부채와 자본은 자산에 대한 "자금의 원천"이라는 말을 추가해서 설명하면 좋다는 점이다.

『(주)정수의 202X년 12월 31일 현재의 재무상태를 보면, 재산(자산)총액은 460억 원으로, 이는 유동자산 200억 원과 비유동자산 260억 원으로 구성되어 있습니다.

이 460억 원의 자금원천이 부채와 자본입니다. 타인자본인 부채는 유동부채 130억 원과 비유동부채 150억 원 합계 280억 원이고, 자기자본인 자본은 180억 원으로 합계 460억 원입니다.

요약하면 자금의 원천인 부채 280억 원과 자기자본인 자본 180억 원, 합계 460억 원을 바탕으로 자산(재산) 총액 460억 원을 조성한 것입니다.』

"한편 재무비율을 보면 1년 이내의 안전성을 나타내는 유동비율이 154%(유동자산 20,000 / 유동부채 13,000 × 100%)로 양호하고,

장기 안정성인 측면에서도 부채비율이 156%(부채총계 28,000 / 자본총계 18,000 × 100%)로 양호한 편에 속합니다."

제1절에서 재무상태표를 읽게 되었다면, 이제 한 발자국 더 나아가 보자. 그것은 지표를 통한 분석이다.

1. 안전성의 지표

재무상태표를 그림으로 나타낸 〈그림 3-8〉에서 두 회사를 보자. 자산 규모로는 오른쪽 회사가 조금 더 크다. 하지만 많은 자산을 가지고 있다고 하여 회사의 부도 위험이 낮아져서 안전성이 높은 것은 아니다.

안전성을 볼 때 주목할 만한 것은 재무상태표의 우측에 있는 자금의 조달 원천 구성비이다. 왼쪽 회사는 자본 쪽이 부채보다 훨씬 크고, 반대로 오른쪽 회사는 부채가 훨씬 크다.

〈그림 3-8〉 자기자본 비율 비교

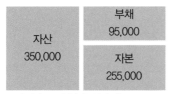 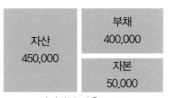

자기자본 비율(자본/자산) = 72.9%   자기자본 비율 = 11.1%

1) 부채와 자본 중 무엇이 더 큰가?

여기서, 부채와 자본의 성질을 기억하기 바란다. 부채는 상환의무가 있고, 자본은 상환의무가 없다는 점이다. 즉, 왼쪽 회사의 자금 대부분은 상환의무가 없는 자본으로 조달해 온 데 반해서, 오른쪽 회사의 자금 대부분은 상환의무가 있는 부채로 조달하고 있는 상황이다. 상환의무가 크면 클수록 다 갚지 못하고 도산할 가능성이 크기 때문에 이 점에서 왼쪽의 회사가 안전성이 더 높다고 할 수 있다.

2) 자기자본 비율(30% 이상)

재무상태표에서 파악할 수 있는 대표적인 경영 안전 지표로서 자기자본 비율을 들 수 있다. 자기자본 비율은 자기 회사가 얼마나 빚을 지지 않고 경영할 수 있는지를 나타내는 자료로서 아래와 같은 계산식으로 산출한다.

$$\text{자기자본 비율} = \text{자본} / \text{자산} \times 100\%$$

이 자기자본 비율이 높을수록, 회사의 자본은 안전성이 높다는 것을 보여 준다. 일반적으로 30% 이상이면 안전성이 높은 것으로 알려져 있다. 따라서 그림으로 보았을 때 자본의 두께가 자산보다 두꺼우면 안전성이 높은 회사이고, 자본의 두께가 얇으면 안전성이 낮은 회사라고 부른다는 것을 시각적으로 알 수 있게 된다.

(엄밀히 말하면 분자의 금액은 자본에서 신주 인수권과 비지배 주주 지분을 차감하는데, 이 두 가지의 금액은 크지 않은 것이 통상적이므로, 이를 감안하지 않아도 안전성을 간편하게 파악하는 데에는 큰 불편이 없을 것이다.)

2. 향후 1년의 안전성을 나타내는 유동비율

1) 유동자산과 유동부채

단기적인 지급능력을 확인하는 방법을 살펴보자. 〈그림 3-9〉는 3개 회사의 재무상태표 그림 중 [자산]과 [부채]를 각각 [유동], [비유동]으로 구분한 다음, 유동자산과 유동부채에만 주목한 그림이다.

〈그림 3-9〉 유동 비율 비교

| 유동자산 150,000 | 유동부채 58,000 | | 유동자산 320,000 | 유동부채 360,000 |

유동 비율(유동자산/유동부채) = 258.6%   유동 비율 = 88.9%

　유동자산과 유동부채의 성질을 기억해 보자. 유동자산은 1년 이내에 현금화되는 자산이고, 유동부채는 1년 이내에 갚아야 하는 채무이다.

　이 점을 염두에 두면서 두 회사를 비교해 보면 왼쪽 회사는 유동자산이 유동부채보다 훨씬 크기 때문에 앞으로 1년간 물어내야 할 필요가 있는 금액을 여유롭게 조달할 수 있다.

　그러면 오른쪽 회사는 어떤가? 유동자산보다는 유동부채, 즉 1년 안에 현금화되는 돈보다 1년 이내에 지급해야 하는 돈이 더 많다.

2) 유동비율

유동비율은 다음 계산식으로 산출한다.

유동비율 = 유동자산 / 유동부채 × 100%

　유동비율은 유동자산이 유동부채에 대하여 어느 정도 있는지를 나타내는 비율인데, 최소한 100% 이상이 되어야 안심할 수 있다. 즉, 유동자산이 유동부채를 웃돌면 100%가 넘기 때문에 그림으로 크기를 비교해 보면 한 눈에 단기 안전성을 알 수 있게 된다.

3) 유동비율 활용의 유의점

가) 외상매출금과 재고자산

앞에서 말한 바와 같이, 유동비율이 100% 이상이면 단기적인 지급능력 면에서는 문제가 없다고 할 수 있다. 하지만, 유동자산 안에는 여러 가지 리스크가 포함되어 있으므로 주의가 필요하다. 대표적인 것이 외상매출금과 재고자산이다.

외상매출금은 미회수 매출대금으로서 기일이 되면 대부분 입금되는 것이 통상적이다. 그러나 거래 도중에 판매처가 파탄이 나버리면 어떻게 될까? 그 판매처에 대한 외상매출금은 회수할 수 없게 된다(이것을 [대손 위험]이라고 부른나).

또한 재고자산은 판매용 상품이나 제품 등을 말하는데, 이것을 무사히 판매할 수 있으면 좋겠지만 팔리지 않고 남게 되면 결국 폐기될 수도 있다(이것을 [재고 위험]이라고 부른다).

나) 유동부채

유동부채에 대해서도 주의가 필요하다. 유동부채는 1년 이내에 지급하지 않으면 안 되는 채무를 말하는데, 그 중에는 결산일 바로 다음 달에 지급기일이 오는 채무도 있을 수 있고, 12개월 후에나 지급기일이 도래하는 채무도 있을 수 있다. 당연히, 기일이 빠른 채무가 아니라면 지급이 제 때에 이뤄지지 않을 수도 있다.

이처럼 유동비율이 100% 이상이라도 안심할 수 없는 경우가 있음을 유의하여야 한다.

유동자산	[외상매출금]: 대손하면 현금화가 안된다(대손 위험). [재고자산]: 팔다 남으면 현금화가 안된다(재고 위험).
유동부채	1년 후에 갚을 부채도 있고, 1개월 후에 갚을 부채도 있다.

다) B to C 영업을 주로 하는 경우에는 유동비율이 낮다.

업종에 따라서는 유동비율이 100% 밑으로 떨어져도 크게 걱정할 필요가 없는 예도 있다. 즉 소매업, 음식업 등의 B to C(Business to Customer: 기업 대 소비자) 기업이 그렇다. 편의점이나 음식점 등에서 대금을 지급할 때에는 현금으로 지급하는 것이 비교적 많을 것이다. 이렇듯이 판매처가 개인일 경우에는 팔자마자 현금을 입수하기 쉽기 때문에 외상매출금은 거의 나타나지 않게 된다.

한편 구매업자에게 지급하는 경우에는 다음 달이나 그 다음 달에 한꺼번에 지급하는 경우가 대부분이므로 대개 외상매출금이 계상된다. 판매처가 기업인 B to B(Business to Business: 기업 대 기업) 비즈니스인 경우 다음 달이나 그 다음 달에 한꺼번에 대금이 들어오는 것이 일반적이므로 B to B 영업은 자금 융통에 어려움을 겪기 쉬운 업종이라고 할 수 있다.

여기까지 들으면 "B to C 영업은 현금이 직접 들어오기 때문에 외상매출금에 비해 현금이 늘어날 뿐 유동자산 전체로서의 다른 비즈니스와 별로 다르지 않잖아?" 라고 생각하는 사람도 있을 수 있다. 하지만 손에 들고 있는 현금은 다른 자산에 재투자할 수 있다. 다르게 말하면 B to C 비즈니스의 경우 유동자산이 회전이 빠르고, 유동부채는 회전이 느리게 되어 유동자산은 상대적으로 작아지게 된다.

예를 들어 대형 편의점 등의 재무상태표를 보면 유동비율이 100%를 밑도는 상태가 계속되지만, 해당 업종으로서는 그것이 별로 문제 되지 않는다. 다만, 최근에는 소매점 등에서도 전자화폐 결제라든지 QR 코드 결제 등의 현금이 없는(cash-less) 거래가 확대되고 있으므로 B to C 영업에서도 앞으로 외상 매출금이 늘어나게 될지도 모른다.

〈그림 3-11〉 B to C 비즈니스의 유동자산과 유동부채

B to C 영업	판매할 때마다 고객의 현금이 들어오기 때문에 외상 매출금이 거의 없다(회전이 빠르다).
B to B 영업	업자에 대한 구입대금 지급은 통상 1~2개월 후에 이뤄지므로 외상 매입금 계상이 늦다(회전이 느리다).

3. 자본 중에서 자기자본 비율의 질을 체크한다.

1) 자본의 내용에도 주목하자.

〈그림 3-12〉은 2개 회사의 재무상태표를 박스 형태로 그린 것이다.

자산, 부채, 자본의 금액은 2회사가 모두 동일하다. 그러면 자기자본 비율이 같기 때문에 두 회사의 안전성은 같은 것일까?

이러한 사례에서는 자본의 내용까지 확인해 봐야 두 회사의 특징이 명확하게 떠오르게 된다. 자본에서 설명한 자본금 및 자본잉여금과 이익잉여금의 차이를 기억해 보자. 자본금과 자본잉여금은 주주로부터의 출자이고, 이익잉여금은 자기 회사에서 벌어들인 이익의 누적이다. 이러한 차이를 염두에 두고 두 회사의 자본 내용을 살펴보자.

왼쪽(A) 회사는 이익잉여금이 많이 있다. 즉, 과거로부터 이익을 낼 수 있었던 실적이 있다는 것이다. 반대로 오른쪽(B) 회사는 이익잉여금이 (-)이므로 과거에 손실을 내었음을 알 수 있다.

〈그림 3-12〉 자본의 내용이 다른 두 회사

[A 회사]	부채 7,000	[B 회사]	부채 7,000
자산 10,000	자본 3,000 · 자본금 500 · 자본준비금 500 · 이익잉여금 2,000	자산 10,000	자본 3,000 · 자본금 1,800 · 자본준비금 1,800 · 이익잉여금 ▲600

2) 이익잉여금의 성격

이익잉여금이 (-)란 어떤 의미일까?

예를 들어, 제1기에 순손실을 200만 원 내었다면 제1기말의 이익잉여금은 ▲200만 원으로, 제2기에 추가로 순손실 400만 원을 더 내었다면 이익잉여금에 ▲400만 원이 더해져 제2기말의 이익잉여금은 ▲600만 원이 된다. (만약, 제3기에 순이익 100만 원을 내게 된다면, 제3기말의 이익잉여금은 ▲500만 원이 되는 셈이다.)

이러한 실적을 고려하면 A회사는 앞으로도 돈을 계속 벌 수 있고, 안전성도 A회사 쪽이 더 높다는 결론이 나온다.

〈그림 3-13〉 자본에서 읽어 낼 수 있는 것

※ [자본의 구성]
· 자본금 = 주식의 액면 가액
· 자본준비금 = 주주로부터의 출자 중 자본금을 초과하는 금액
· 이익잉여금 = 회사가 벌어들인 이익의 축적
  [자본금 및 자본준비금]이 큰 회사 → 자본 조달을 잘하고 있는 회사
  [이익잉여금]이 큰 회사 → 과거에 많이 벌어들인 회사

그러면 B 회사는 부실한 기업일까? 그렇지 않을 수도 있다. B 회사가

창업한 지 얼마 안 된 벤처(Venture) 회사라 아직 사업이 궤도에 오르지 못할 수 있기 때문이다. 다시 말해 그 회사가 큰 금액의 자본금이나 자본잉여금을 보유하고 있다는 것은 외부 주주로부터 장래성을 인정받아 출자 받고 있는 경우가 있기 때문이다.

그러나 B 회사가 사장 = 주주인 오너(Owner) 기업인 경우에는 주의해야 한다. (−)가 된 이익잉여금을 사장이 추가 출자해서 자본금이나 자본잉여금을 늘려 보전하는 것일 수 있기 때문이다. 사장이 추가 출자를 해서 손실 메우기를 하는 경우에는 오너의 자금이 바닥나면 외부의 도움을 받을 수 없게 되어 사업이 끝장나게 된다.

4. 자기자본 비율이 한 자릿수이어도 안전한 업종

1) 금융기관

안전성의 기준은 자기자본 비율 30%라는 것을 이미 말했으나 어떤 업종에서는 이런 일반론이 들어맞지 않을 수도 있다. 은행과 같은 금융기관인 경우가 그렇다.

〈그림 3-14〉 은행(금융기관)의 재무상태표 이미지

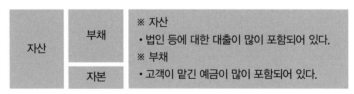

은행의 자기자본 비율은 통상 한 자리이다. 대형 은행들의 자기자본 비율을 단순 계산하면 대개 10% 미만이다. 그러면 도산 직전의 위험한 상태일까? 그런 것은 아니다.

은행의 주된 영업은 개인이나 기업으로부터 많은 금액의 자금을 예금이라는 명목으로 예치 받아서 이것을 개인에 대한 주택 구입자금이나 기업에 대한 사업자금 등의 목적으로 대출하고 있다. 여기서 생기는 대출이자 수입과 예치금에 대한 지급이자와의 차이가 이익이 되는 것이 은행 업무이다.

거액의 예금을 모으고 거액의 대출을 함으로써 수익을 늘리는 것이 은행이기 때문에 자산과 부채가 양쪽 모두 자본의 규모에 비하여 팽창하는 것이 일반적이다. 이는 은행의 영업 형태상 필연이라고 할 수 있다.

2) 기업 그룹에 자회사가 있는 경우

기업 그룹의 안전성을 점검할 때에는 주의가 필요하다. 경영분석에서 사용되는 것은 연결재무제표이므로 그룹 내에 금융업이 있다면 그 영향으로 그룹 전체의 자산·부채가 불어나게 되고, 결과적으로 자기자본 비율이 낮아지는 경향이 있기 때문이다.

이처럼 회사를 분석할 때에는 단순히 결과만으로 판단할 것이 아니라, 그 회사의 사업 모델이 어떤 형태인지 생각해 보는 것이 중요하다.

〈그림 3-15〉 기업 그룹 내에 자회사가 있는 경우

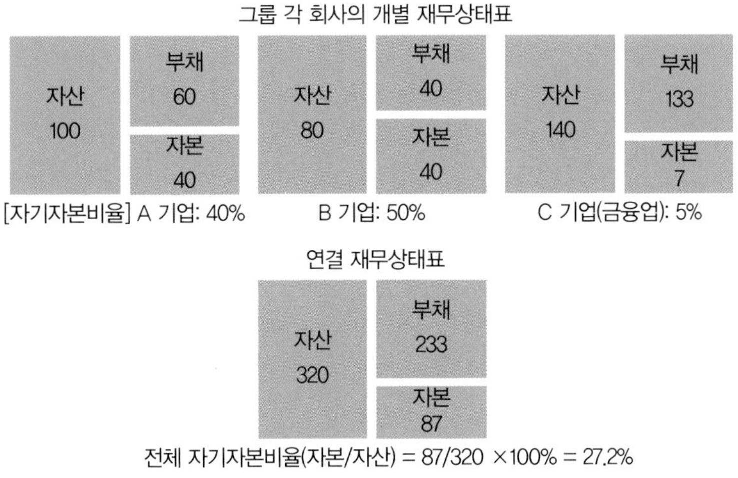
그룹 각 회사의 개별 재무상태표
자산 100
부채 60
자본 40
자산 80
부채 40
자본 40
자산 140
부채 133
자본 7
[자기자본비율] A 기업: 40%
B 기업: 50%
C 기업(금융업): 5%
연결 재무상태표
자산 320
부채 233
자본 87
전체 자기자본비율(자본/자산) = 87/320 ×100% = 27.2%

- 이해관계자들은 회계에 대한 지식 수준이 다르고, 서로간에 이해관계를 달리할 때도 있다. 따라서 가능한 한 혼란을 줄이기 위하여 보고 양식이나 회계용어가 통일될 필요가 있다. 특히 회계는 조직의 언어로서 의사소통의 도구이기 때문이다.

- 회계 용어는 정확한 뜻을 전달하기 위해 간결하면서도 의미가 축약된 한자어(漢字語)를 사용하는 경향이 있다. 예를 들면 '상품 판매액'이라고 하지 않고 '매출액'이라고 부른다. 그러므로 회계를 배우려면 먼저 회계 용어에 친숙해질 필요가 있다.

1. 자산 계정과목

1) 유동자산

① 현금 및 현금성 자산

통화 및 통화 대용증권(타인발행수표, 자기앞수표 등), 당좌예금, 보통예금 및 현금성 자산을 모두 포함한다. 여기서 당좌예금이란 수표를 발행할 목적으로 현금을 미리 입금한 것을 말한다.

현금성 자산이란 큰 거래비용 없이 현금으로 전환이 용이하고 이자율 변동에 따른 가치 변동의 위험이 크지 않은 유가증권 및 단기금융상품으로서 취득 당시 만기(또는 상환일)가 3개월 이내의 것을 말한다.

② 단기금융상품

금융기관이 취급하는 정기예금·정기적금·(담보로 제공된 예금 등의 경우) 사용이 1년 이내로 제한되어 있는 예금 및 기타 정형화된 금융상품(기업어음·어음 관리구좌·양도성예금증서·환매채 등)으로 단기적 자금운용 목적으로 소유하거나 기한이 1년 내에 도래하는 것을 말한다.

③ 단기매매 금융자산과 단기매도가능 금융자산

타회사의 주식(시장성이 있는 주식에 한함)·채권(사채·공채·국채) 등과 같은 유가증권 중 단기간 내의 매매차익을 목적으로 취득한 것으로 매수와 매도가 적극적이고 빈번하게 이루어지는 것을 단기매매 금융자산이라 한다. 한편, 단기매매 금융자산이나 만기보유 금융자산이 아닌 것으로 1년 이내에 만기가 도래하거나 또는 매도할 의사를 가지고 보유하는 유가증권을 단기매도가능 금융자산이라 한다.

④ 외상 매출금

일반적인 상거래(영업활동)에서 상품이나 제품을 외상으로 판매하여 발생한 채권을 말한다.

⑤ 받을 어음

일반적인 상거래에서 상품이나 제품을 외상으로 판매하고 어음을 받아 발생한 어음상의 채권을 말한다. 외상 매출금과 받을어음을 묶어서 매출채권이라고 한다.

⑥ 단기대여금

차용증서나 어음을 받고 금전을 대여함으로써 발생한, 만기가 1년 이내의 채권이다.

⑦ 미수금

일반적인 상거래가 아닌 영업외 활동에서 유가증권이나 건물 등을 외상으로 처분하여 발생한 채권이다. 따라서 ④ 외상매출금과는 구분되는 용어이다.

⑧ 상품

판매업을 하는 기업이 일반적인 상거래 과정(당해 기업의 목적사업)을 통하여 판매를 목적으로 보유하고 있는 재화(예: 서점의 책, 부동산 매매업자의 토지나 건물 등)을 말한다.

⑨ 소모품(저장품)

업무용으로 사용되는 종이, 볼펜, 장부, 청소도구 등을 말한다.

⑩ 선급금

상품이나 원재료 등을 구입하기로 하고 계약금으로 대금 중 일부를 미리 지급한 것이다.

⑪ 선급비용

다음 회계 기간의 수익을 위하여 미리 현금이 지급된 비용이다.

⑫ 대손충당금

결산일 현재의 매출채권과 기타채권 중 다음 회계기간에 회수 불가능할 것으로 예상되는 금액을 추정하여 비용으로 대손상각비를 계상하고, 아직 남아있는 대손 예상액이다.

2) 비유동자산

가) 투자자산

① 장기매도가능 금융자산과 만기보유 금융자산

단기매매 금융자산이나 만기보유 금융자산이 아닌 주식과 채권은 매도가능 금융자산으로 분류되고, 만기가 확정된 채무증권(채권)으로서 상환금액이 확정되었거나 확정이 가능한 채무증권을 만기까지 보유할 적극적인 의도와 능력이 있는 것은 만기보유 금융자산으로 분류한다.

② 장기 금융상품

유동자산에 속하지 아니하는 금융상품과 사용이 제한된 예금(일명 꺾기라 함.)이 있다.

③ 투자 부동산

투자의 목적 또는 비업무용으로 소유하는 토지·건물 및 기타 부동산을 말한다.

④ 보증금

전세권·전신전화 가입권·임차보증금 및 영업보증금 등이다.

나) 유형자산

① 토지

영업 활동에 사용할 목적으로 보유하고 있는 대지·임야·전답·잡종지 등을 말한다.

② 건물

영업활동에 사용할 목적으로 보유하고 있는 건물과 냉난방·조명·통풍 및 기타의 건물 부속설비를 말한다.

③ 기계장치

영업활동에 사용할 목적으로 보유하고 있는 기계 설비

④ 차량운반구

영업활동에 사용할 목적으로 보유하고 있는 육상 운반구(철도차량, 자동차 등)이다.

⑤ 비품

영업활동에 사용할 목적으로 보유하고 있는 책상·응접세트·컴퓨터 등을 말한다.

다) 무형자산

① 산업재산권

일정기간 독점적·배타적으로 이용할 수 있는 권리로서 특허권·실용신안권·의장권 및 상표권 등이다.

② 개발비

특정 신제품이나 신기술의 개발과 관련하여 발생한 비용으로서 미래의 경제적 효익을 확실하게 기대할 수 있는 것이다.

③ 컴퓨터 소프트웨어

외부에서 구입하여 사용하는 소프트웨어의 구입비

• 소프트웨어 내부개발비는 자산인식 조건을 충족시킬 경우 개발비로 계상된다.

④ 영업권

다른 회사를 인수·합병할 때 그 회사의 순자산 가액(자산에서 부채를 차감한 잔액)보다 더 많이 지급한 경우 그 차액을 영업권으로 한다.

2. 부채 계정과목

1) 유동부채

① 외상매입금

일반적인 싱거래(제품이나 상품의 매입)에서 발생한 외상으로 인한 채무를 말한다.

② 지급어음

일반적인 상거래에서 발생한 외상으로 인한 어음상의 채무를 말한다. 외상매입금과 지급어음을 묶어서 매입채무라 한다.

③ 단기차입금

상환기간이 1년 이내인 채무를 말한다.

④ 미지급금

일반적인 상거래가 아닌 영업외 활동에서 유가증권이나 건물 등의 외상 구입으로 발생한 채무이다.

⑤ 미지급 비용

영업활동에서 발생한 비용으로서 아직 지급하지 않은 것이다.

⑥ 선수금

상품이나 원재료 등을 판매하기로 하고 계약금으로 대금 중 일부를 미리 받은 금액이다.

⑦ 선수 수익

현금을 미리 수취하였으나 이번 회계기간의 수익으로 처리할 수 없는 것이다.

2) 비유동 부채

① 사채

사채를 발행하여 차입한 경우 상환기간이 1년 이상인 것을 말한다.

② 장기 차입금

금융기관 등으로부터 빌린, 상환기간이 1년 이상인 채무를 말한다.

3. 자본 계정과목

① 자본금

발행주식의 액면총액(발행주식수×액면단가)이다.

② 자본잉여금

회사가 발행한 주식의 발행가액과 액면가액의 차액인 주식발행 초과금이다. 자본잉여금은 배당에는 사용할 수 없고 결손보전이나 자본전입에만 사용할 수 있다.

③ 이익잉여금

기업이 창출한 이익 중 배당을 하지 않고 회사 내에 유보한 금액이다.

④ 자본 조정

자본 전체에 가산하거나 차감하는 항목. 예를 들어 회사가 자사 주식을 일시 보유 목적으로 매입하였을 경우 자기주식이라고 하는데 이는 자본조정 항목이므로 자본에서 차감하는 형식으로 표시한다.

※ 실무적으로 각 기업은 각 기업의 특성에 맞도록 계정과목을 정하고, 전산 처리를 위해 각각에 코드 번호를 붙여 사용한다.

STORY가 있는 회계

1. 자산과 부채·자본의 대조 계정

- 자산의 계정과목과 부채의 계정과목 간에는 상호 대응, 대조되는 계정과목이 있다. 즉, 각 계정의 금액이 양수일 때 좌변(차변)과 우변(대변)의 위치를 보여준다. 자산과 비용 계정은 좌변(차변)이 정(正) 위치이고, 부채, 자본, 수익 계정은 우변(대변)이 정(正) 위치이다.

자산 계정			부채 계정		
계정 해설	계정		계정	계정 해설	
외상매출금 + 받을어음	매출채권	⇔	매입채무	외상매입금 + 지급어음	
외상으로 판매하여 발생한 채권	(외상매출금)	⇔	(외상매입금)	외상으로 매입하여 발생한 채무	
외상으로 판매하고 어음을 받아 발생한 어음상 채권	(받을어음)	⇔	(지급어음)	외상으로 인한 어음상의 채무를 말한다.	
영업외 활동에서 외상으로 처분하여 발생한 채권	미수금	⇔	미지급금	영업외 활동에서 외상 구입으로 발생한 채무	
발생주의에 의한 아직 받지 못한 수익	미수수익	⇔	미지급비용	발생주의에 의한 아직 지급하지 않은 비용	
차용증서나 어음을 받고 금전을 빌려준, 만기가 1년 이내의 채권	단기대여금	⇔	단기차입금	상환 해야 할 기간이 1년 이내인 채무	

상품이나 원재료 등을 구입하기로 하고 계약금으로 대금 중 일부를 미리 지급한 것	선급금	⇔ 선수금	상품이나 원재료 등을 판매하기로 하고 계약금으로 대금 중 일부를 미리 받은 금액
다음 회계기간의 수익을 위하여 미리 현금이 지급된 비용	선급비용	⇔ 미지급비용	영업활동에서 발생한 비용으로 아직 지급하지 않은 것
용처가 불분명한 임시지급액(추후 정산 되어야 함.)	가지급금	⇔ 가수금	입금 원인을 알 수 없는 일시적인 입금
상품이나 용역의 매입과 관련하여 지급한 부가가치세로서 추후 환급받을 금액	부가세 대급금	⇔ 부가세 예수금	상품이나 용역의 판매와 관련하여 고객으로부터 받은 부가가치세액으로 3개월마다 국세청에 납부하여야 할 금액

※ 실무적으로 대부분의 기업은 각 기업의 특성에 맞도록 계정과목을 정하고, 전산처리를 위해 각각에 코드 번호를 붙여 사용한다. ♣

2. 사내 유보금은 현금인가?

정치권에서 "기업들이 투자를 하지 않고 임금도 올리지 않고 사내에 현금만 쌓아놓고 있다. 이런 기업들이 보유한 유보금을 환수해 서민들에게 도움이 되도록 해야 한다."고 2017년 6월 19일자 조선일보는 전하고 있다.

정부는 통신사를 대표적으로 내세워 사내 유보금을 근거로 통신요금 인하 압박에 나서고 있다. 이에 대해 기업들은 "사내 유보금은 곳간에 쌓아놓은 현금이 아닌데, 여기에 징벌적으로 과세하는 건 말이 안 된다."라고 반발하고 있다.

같은 기사에서 권태신 전국경제인연합회 부회장은 "사내 유보금에 대한 오해는 사실 용어 자체 때문에 증폭되는 경향이 있다. '유보'라는 단어에는 투자나 임금 인상, 배당 등 기업이 해야 할 일을 하지 않고 회사 내부에 미루어 둔다는 느낌을 준다. 또 '금(金)'이라는 단어가 붙어, 마치 '사내 유보금 = 현금'으로 오해하게 한다."고 지적한다.

매우 설득력 있는 설명이다. 사내 유보금이 돈이 아닌데도 오해를 받는 이유는 '유보금'이라는 용어 자체의 문제이다. 종국에는 용어를 수정 또는 변경하면 되는 것이다. 왜냐하면 회계에서 유보금이란 돈이 아니기 때문이다.

좌변 (재산 현황)		우변 (자금 원천)	
현금	30,000	차입금	40,000
상품	50,000	자본금	50,000
비품	20,000	잉여금	10,000
총계	100,000	총계	100,000

위 표에서 '잉여금'은 좌변(차변)이 아니고, 우변(대변) 과목이다. 즉, 자본구조를 설명할 뿐이지 쌓여 있는 돈은 아니라는 것이다. 왜냐하면 돈은 왼쪽(차변) 항목이기 때문이다. 즉, 조달된 자금은 돈 자체로 소유하고 있는 것이 아니라 재고자산이나 시설투자로 이미 사용됐는지도 모른다.

차제에 부채와 자본에 있는 여러 계정과목 중 '～금'으로 되어 있는 과목은 '현금보유액'으로 오해할 수도 있으므로 '～액' 등으로 수정하는 것도 오해를 조금이라도 완화시키는 방법이다.

지금까지 대부분의 사람들은 사내유보금을 기업들이 금고에 쌓아두고 사용하지 않는 여유 재원으로 오해하였다. 이제 더 적합한 용어를 찾아야 할 때다. 결산서에서 자금(= 돈)은 왼쪽에 정좌하고 있음을 모른다면, 병원 원무과에서 '급여'란 말을 '월급'으로 오해하는 것과 같다. 이 때의 급여는 보험이 적용된다는 뜻이다.

마찬가지로 회계에서 오른쪽 계정과목에 '～금'으로 끝나는 수많은 용어는 왼쪽의 자산 조정 내용의 자금 출처를 밝히는 것에 불과하다. 결코 돈이 아니다. ♣

학이시습지(學而時習之)

1. 다음 재무상태표에 대한 설명 중 틀린 것은?
   ① 일정 시점의 재무 상태를 표시한다.
   ② 좌변에는 가치가 있는 모든 경제적 자원이 표시된다.
   ③ 우변에는 경제적 자원에 대한 채권자 지분과 소유주 지분이 표시된다.
   ④ 재무상태표는 보고식 또는 계정식으로 작성할 수 있다.

2. 다음 중 재무상태표의 한계점이 아닌 것은?
   ① 화폐로 측정한 것만 자산으로 계상한다.
   ② 자산이 시가를 반영한다.
   ③ 회계처리를 위해 추정이 개입된다.
   ④ 대체적 회계처리방법이 있다.

3. 대차평균 또는 균형의 원리에 따라 조달된 자금의 (   )인 부채 및 자본의 합계와 자금의 운용결과인 자산의 합계는 언제나 일치한다.

4. 유동자산이란 결산일로부터 1년 이내에 (   )으로 전환 가능하거나 예상되는 자산을 의미한다.

5. 다음 계정과목 중 그 자체가 현금 · 예금인 것은?
   ① 장기 금융상품   ② 단기 차입금   ③ 이익잉여금   ④ 기업합리화적립금

6. 유동자산을 유동부채로 나눈 것을 (   )비율이라 하며, 최소한 100% 이상이어야 좋다.

7. 자기자본 비율이란 자본을 (   )로 나눈 것으로서 통상 30% 이상이 되어야 한다.

8. 선급비용은 상품이나 원재료 등을 구입하기로 하고 계약금으로 대금 중 일부를 미리 지급한 것이다. (   )

9. 회사가 발행한 주식의 발행가액과 액면가액의 차액인 주식발행초과금이다. 주식발행초과금은 배당 지급에는 사용할 수 없고 결손 보전이나 자본 전입에만 사용할 수 있다. (   )

10. 한티상회의 기중 수익총액이 ₩650,000이고, 비용총액이 ₩665,000이며, 기말 자산총액이 ₩245,000이고, 기말 부채총액이 ₩110,000이다.
    이때 기초의 자산총액이 ₩250,000이었다면 기초의 총 부채액은?
    ① ₩85,000   ② ₩115,000   ③ ₩135,000   ④ ₩100,000

[정답]
1. ②   2. ②   3. 원천   4. 현금   5. ①   6. 유동   7. 자산 총액   8. × 이는 선급금이다. 회계에선 선급금과 선급비용을 구분한다.   9. ○

10. ④

기초		기중		기말	
250,000	B?	590,000	665,000	245,000	110,000
	A?		△15,000		135,000

A?: 기초 자본 A + (△15,000) = 135,000 ∴A = 150,000
B?: 기초 부채 B + A = 250,000 ∴B = 100,000

제4장
포괄손익계산서와
제조원가명세서

 포괄손익계산서의 이해

먼저 손익계산서는 무엇이고, 포괄손익계산서는 무엇인가 궁금해 할수 있다. 제2장에서 결산서를 만드는 기준이 '회계기준'이라고 했는데, 한국채택 국제회계기준을 적용하는 상장기업의 경우는 '포괄손익계산서'라고 부르고, 일반 회계기준을 적용받는 비상장기업은 '손익계산서'라고 한다.

1. 포괄손익계산서는 무엇으로 되어 있는가?

1) 이익의 구분

포괄손익계산서는 회사가 1년 동안 얼마나 벌었는지를 보여준다. 재무상태표와 마찬가지로 이것도 얼핏 보면 숫자의 나열처럼 느껴질 수도 있지만, 기본 포인트를 알면 간단하게 읽을 수 있다. 포괄손익계산서의 기본 포인트는 [매출액]과 [비용], 그리고 그 차액인 [이익]으로 구성된다는 것이다.

이익은 성질에 따라 5가지로 구분한다. 그것을 계단형으로 만든 것이 〈그림 4-1〉이다. 5종류의 이익에는 성격상 차이가 있다.

〈그림 4-1〉 이익의 종류를 계단형으로 나타낸 포괄손익계산서

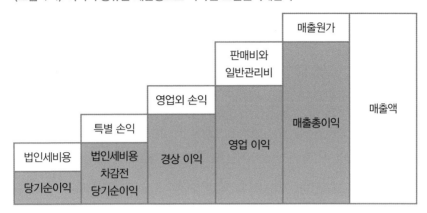

2) 손익계산서 양식에서 보는 손익의 구분

〈그림 4-2〉 손익의 구분

1. 당기 순이익	• 세금을 뺀 최종이익
2. 특별손익	• 재해 손실(−), 토지매각 이익(+)
3. 법인세 비용 차감 전 당기순이익	• 임시 손익을 포함한 이익
4. 영업외 손익	• 차입금 이자(−), 예금 이자(+) 등
5. 경상 이익	• 경상적인 영업활동이나 재무활동의 결과로서의 이익
6. 판매비 및 일반관리비	• 판매 직원의 급여 등
7. 영업 이익	• 정관상 업무활동 결과로서의 이익
8. 매출 원가	• 판매한 상품을 구입하기 위해 들어간 비용
9. 매출총이익(총이익)	• 정관에서 규정한 본연의 활동에서 생긴 이익

2. 다섯 가지 종류의 이익 성격과 계산 방법

1) 매출액에서 [매출총이익]을 산출한다.

먼저 고객에게 상품을 판매한 대금의 합계가 〈그림 4-1〉에서 가장 오른쪽의 [매출액]이다. 매출액에서 제일 먼저 빼는 것이 제조업체에 지급한 상품의 구입 대금에 해당하는 매출원가이다. 그 매출원가를 차감하고 남은 이익이 [매출총이익]이다. 매출총이익은 매출원가와 고객에게 판매한 대금의 차액(매매익)이다. 매출총이익을 보면, 취급하는 상품에서 얼마나 이익을 내고 있는지를 알 수 있다.

2) 매출총이익에서 [영업이익]을 산출한다.

[매출총이익]에서 점포의 임차료나 판매 직원에게 지급한 급여, 광고선전비 등 정관에 규정된 목적사업에서 사용한 비용인 [판매비 및 일반관리비]를 차감하고 남은 이익이 [영업이익]이다. 따라서 영업이익을 보면 본래의 목적사업에서 얼마나 벌었는지 알 수 있다.

그러면 본래의 목적 사업은 어디에 규정되어 있을까? 그것은 회사의 가장 상위 규정인 「정관(定款)」이다. 즉, 정관에 규정된 사업으로 인한 수익은 영업이익에 포함되는 것이다. 예를 들면 금융업의 이자수익은 영업이익에 포함되지만, 일반 기업의 이자수익은 영업외 수익이다.

3) 영업이익에서 [경상이익]을 계산한다.

[영업이익]으로부터 한번 더 나아가 자산의 이자나 주식 배당 등 재무활동의 결과인 [영업외 손익]을 계산하게 된다. [영업외 손익]은 (+) 요소인 [영업외 수익]과 (−) 요소인 [영업외 비용]의 2가지가 있다. 이것들을 가감하고 남은 이익이 [경상이익]이다. 경상이익은 회사의 본업과 더불어 재무적인 요소를 가미한 이익을 나타낸다.

예를 들어, 은행에서 돈을 빌리고 이자를 부담하거나, 반대로 은행에 예금을 맡겨 놓으면 예금에 대한 이자를 받을 수 있다. 이것을 고려한 것이 경상이익으로 본업과 함께 재무활동의 결과 얼마나 벌어들였는지를 알 수 있다.

4) 경상이익에서 [법인세비용 차감전 당기순이익]을 계산한다.

[경상이익]에서 재해 손실이나 토지 매각이익 등 통상적으로 매년 발생하는 것이 아닌, 어떤 해에 우연히 발생한 손실이나 이익을 가미한 것이 [특별 손익]이다. [특별 손익]도 (+)요소인 [특별 이익]과 (−)요소인 [특별 손실]의 2종류가 있다.

이들을 가감하고 남은 이익이 [법인세 비용 차감전 당기순이익]이 되는데, 임시 돌발 사고까지도 포함해서 얼마나 벌었는지를 알 수 있다.

5) 법인세비용 차감 전 당기순이익에서 [당기순이익]을 계산한다.

마지막으로 [법인세비용 차감전 당기순이익]에서 회사의 이익(법인세법에는 '이익'이라는 용어 대신 '소득'이라는 용어를 사용)에 대하여 부과된 [법인세 비용]을 차감하고 남은 이익이 [당기순이익]이다. 당기순이익은 최종적으로 주주에게 귀속된다.

※ 이익 중에서 '영업이익'을 주목하라.

이상의 5가지 이익 중에서 가장 주목하여야 할 것이 [영업이익]이다. 영업이익은 [정관에서 규정한 본업에서 벌어들인 이익]을 나타내므로 경영의 좋고 나쁨이 그대로 나타나기 때문이다.
하지만 아무리 본업에서 수익을 얻어도 재테크에서 실패하여 큰 손해를 본다면 본전을 찾지 못할 수도 있다.

3. 수익과 비용의 주요 내용

1) 수익의 주요 내용

[수익]이란 이익을 증가시키는 것을 말한다. 매출액, 영업외 수익, 특별이익의 세 곳이다.

〈그림 4-3〉 수익에 해당하는 항목

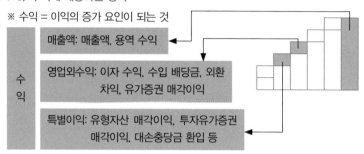

① 매출액

수익 중에서도 중심은 역시 [매출액]이다. 서비스업에서는 [영업수익]이라든가 [용역수익]이라고 하는 명칭으로 기재되는 경우가 드물게 있지만, 이들은 매출액과 같은 의미이다.

② 영업외 수익

[영업외 수익]에는 은행으로부터 수령하는 예금이자나 투자처로부터의 배당금 등이 있다. 또한 외환거래를 하는 회사라면 외환차익(외환 시세의 변동으로 생긴 이익)도 대표적인 영업외 수익으로 볼 수 있다.

③ 특별이익

[특별이익]으로 계상되는 것으로는 유형자산 매각이익 등이 있다. 예를 들면 장기간 보유하려는 토지 등 고정자산은 매년 매매하는 것이 아니다. 그 고정자산을 샀을 때보다 높은 가격으로 팔게 되면 그 차액이

고정자산 매각이익이 되며, 이러한 임시적인(특별한) 이익은 특별이익으로 구분된다.

2) 비용의 주요 내용

[비용]이라 하면 [이익을 감소시키는 것]을 말한다. 매출원가, 판매비와 일반관리비, 영업외 비용, 특별손실, 법인세 비용의 다섯 곳이다.

〈그림 4-4〉 비용에 해당하는 항목

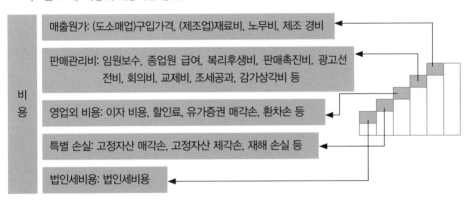

① 매출원가

[매출원가]는 소매업이나 도매업이라면 상품의 구입가격, 제조업체라면 원재료비나 공장 직원의 인건비 등으로서 판매한 상품과 직접 연결되는 비용을 말한다.

② 판매비와 일반관리비

[판매비 및 일반관리비]는 급여, 보험료, 광고선전비, 판매촉진비, 수도광열비, 리스료, 교통비, 회의비, 접대비 등으로서 판매활동 및 관리활동에 소요된 여러가지 비용을 말한다. 이들에 대해서는 회사 경비를 사용해서 하는 활동이 포함된다고 생각하면 이미지가 잘 그려질 것이다.

참고로, 같은 인건비라도 매출원가에 계상되는 것이 있고, 판매비 및 일반관리비에 계상되는 것이 있다. 그 차이는 매출액과 직접 연결되는 인건비인지, 아닌지에 달려 있다.

단적으로 말하면 제품 그 자체를 만들고 있는 제조부서 직원들 인건비는 제품과 직접 결부된다고 간주하여 매출원가로 계상되며, 그 외(영업부, 총무부, 개발부 등)의 직원들의 인건비는 간접적으로 간주되어 판매비 및 일반관리비에 계상된다는 것이다.

③ 영업외 비용

[영업외 비용]은 [영업외 수익]과 동전의 앞뒷면과 같은 표리의 관계에 있다. 은행에 대해 지급힐 이자나 환차손(환차익의 반대로 외환 시세의 변동으로 인하여 발생한 손실) 등이 있다.

④ 특별 손실

[특별손실]도 역시 [특별이익]과 앞뒷면의 관계에 있다. 예컨대, 땅값 하락으로 땅을 샀을 때보다 더 낮은 가격으로 부득이 팔았을 경우, 구입가격과 매각가격의 차액이 고정자산 매각손이 된다. 자연재해에 의한 손실, 대규모의 정리해고를 실시했을 경우의 비용도 특별손실로 처리된다.

⑤ 법인세 비용

[법인세 비용]은 벌어들인 이익에 대하여 부과되는 세금이다. 같은 세금이라도 취득세, 재산세, 자동차세 등은 이익 여부에 관계없이 발생하는 세금으로 '제조 경비' 또는 '판매비와 일반관리비'의 조세공과 항목으로 계상된다.

3) 포괄손익계산서의 계단 그림 활용

포괄손익계산서에서 이익의 종류를 나누면 매출액, 매출총이익, 영업이익, 경상이익, 법인세비용 차감전 당기순이익, 당기순이익의 6가지로 구분할 수 있다.

그리고 이것들을 계단 모양의 그림으로 나타낸 것이 〈그림 4-5〉이다.

〈그림 4-5〉 포괄손익계산서의 이익 계단

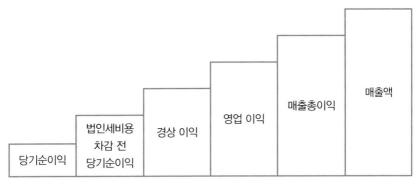

※ 경사가 완만한 회사는 수익력이 있다.

계단의 경사가 완만한 회사는 수익력이 높고, 반대로 계단의 경사가 급한 회사는 수익력이 낮다고 말할 수 있다. 사실, 이 포괄손익계산서의 계단 그림은 [회사의 이익률을 그림으로 나타낸 것]이라고 할 수 있다.

대표적인 경영지표인 이익율로는 [매출총이익률], [영업이익률], [경상이익률], [당기순이익률] 등이 있는데, 이 모든 산출식에서는 분모에 공통적으로 매출액이 자리 잡고, 분자에 어떤 이익을 놓는 가에 따라서 이익률의 종류가 바뀌는 구조로 되어 있다.

〈그림 4-6〉 이익률

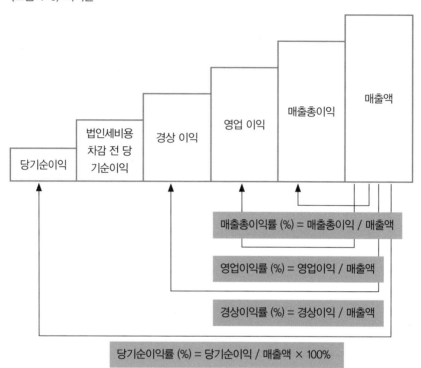

이익률은 그 퍼센트(%)가 높으면 높을수록 [수익력이 높다]고 부른다. 그렇다면 분모의 매출액 대비 분자의 이익 금액이 클수록 이익률은 높아지고, 계단의 경사도 필연적으로 완만해지는 것이다.

또한, 매출총이익부터 경상이익까지가 적은 [혹은 (−)] 상태이고 법인세비용 차감전 당기순이익이 월등히 높은 U자형 계단인 회사는 요주의 대상이다. 이러한 회사는 자산 매각 등에서 무리하게 이익을 만들어 내었을 것으로 추측할 수 있다.

4. 수익비용 대응의 원칙

포괄손익계산서의 매출액은 상품·서비스를 제공한 시점에서 매출액으로 인식된다. 돈을 받은 시점이 아니다. 예를 들어, 고객에게 판매가격 120만 원의 상품을 인도할 경우 120만 원의 매출액이 발생된다. 대금의 회수가 다음 분기이더라도, 그 중 일부만 회수했더라도, 인도한 상품의 금액(120만 원)이 매출액이 되는 것이다.

만약 12월에 상품을 120만 원으로 고객에게 판매하고 그 대금은 다음해 1월에 받았을 경우를 보면 〈그림 4-7〉과 같은 차이가 생긴다.

〈그림 4-7〉 매출의 차이

구분	12월	디음 해 1월
포괄손익계산서	매출액 120만 원	
현금흐름표	–	외상매출금 120만 원

이는 구입처 등에서 받은 상품 모두가 매출원가가 되는 것이 아니라, 고객에게 제공한(매출한) 상품에 대응한 만큼(구입 금액)만이 매출원가가 된다. 즉, 매출원가는 그와 결부된 매출액이 인식되었을 때와 같은 기간(고객에게 상품을 제공한 시기)에 인식되는 것이다. 단지 상품을 구입처로부터 구입한 것만으로는 비용이 되지 않는다. 단순히 현금 80만 원이 상품 80만 원으로 교체되었을 뿐이다.

(예시) 12월중에 80만 원어치의 상품을 구입하고 그 대금을 3월에 지급하고, 또한 다음 해 1월에 그 상품을 120만 원에 고객에게 판매하고 그 대금을 4월에 수령함.

	12월	다음 해 1월
포괄손익계산서	–	매출액 120만 원 매출원가 80만 원 매출총이익 40만원
현금흐름표	80만 원의 상품 구입	외상 매출금 120만 원 회수

이것은 '수익 비용의 대응의 원칙'이라고 하며, 수익과 비용이 관련된 것은 같은 시기에 계상한다는 회계상의 원칙이다.

그러면 왜 이러한 규칙이 있는 것일까? 만약, 구입처에서 받은 상품 전체를 매출원가로 비용 처리하는 것이 원칙이라면 포괄손익계산서는 어떻게 될까? 앞의 예에서 보면 매출원가 80만 원만 계상되며 매출액은 "0", 그 결과 이익은 (-) 80만 원(즉 80만 원 적자)이다.

그리고, 다음 해에 그 상품을 고객에게 판매하면 포괄손익계산서는 어떻게 될까? 이것도 앞의 예를 들자면 매출액이 120만 원이지만, 매출원가는 "0"(지난해에 이미 비용으로 계상되었기 때문에). 그 결과 이익은 120만 원이 된다.

이런 포괄손익계산서로는 실적이 좋은지 나쁜지 알 수 없다. 그래서 이 방법 보다는 판매한 회계연도에 매출액 120만 원, 매출원가 80만 원, 그 차액으로 이익 40만 원을 표시하여야만 그 회사의 경영 실적을 잘 알 수 있을 것이다. 따라서 매출과 매출원가는 대응하여 같은 기간에 포괄손익계산서에 싣도록 한다는 규칙이 생겨난 것이다.

5. 포괄손익계산서의 계정 일람표

비용 항목			수익 항목	
구분		좌변 (차변)	구분	우변 (대변)
영업비용	매출원가	① 매출원가	매출액	① 매출액 ② 용역 수익
	판매비와 관리비	② 급여 ③ 복리후생비 ④ 교통비 ⑤ 통신비 ⑥ 수도광열비 ⑦ 세금과공과 ⑧ 임차료 ⑨ 보험료 ⑩ 광고선전비 ⑪ 운반비 ⑫ 판매수수료 ⑬ 소모품비 ⑭ 대손상각비 ⑮ 감가상각비 ⑯ 잡비 ⑰ 잡손실	–	–
영업외 비용		① 이자비용 ② 단기매매 금융자산 　평가손실 ③ 단기매매(또는 매도가능) 　금융자산 처분손실 ④ 기부금	영업외 수익	① 이자수익 ② 임대료 ③ 수수료수익 ④ 단기매매 금융자산 　처분이익 ⑤ 단기매매증권 평가이익 ⑥ 잡이익
특별비용		① 유형자산 처분손실 ② 재해손실	특별이익	① 유형자산 처분이익 ② 자산수증이익 ③ 채무면제이익 ④ 보험차익
법인세 비용		① 법인세비용	–	–
당기순손익		① 당기순이익		① 당기순손실

6. 손익계산서 읽기

〈그림 4-9〉 손익계산서 양식

손익계산서

(202×. 1. 1.~ 12. 31.)

(주)정수

(단위: 백만 원)

구분	금액	비고
Ⅰ. 매 출 액	2,700	
Ⅱ. 매출원가	(1,780)	
Ⅲ. 매출총이익	920	
Ⅳ. 판매비와 관리비	(190)	
Ⅴ. 영업이익	730	
Ⅵ. 영업외수익	80	
Ⅶ. 영업외비용	(60)	
Ⅷ. 법인세비용 차감전 순손익	750	
Ⅸ. 법인세비용	(150)	
Ⅹ. 당기순손익	600	
※주당 이익(6천 원)		

　손익계산서 읽기에 대해서는 제2장에서 설명한 바와 같다. 위의 사례를 가지고 읽어보면 다음과 같다.

> 　(주)정수의 202X. 1. 1. ~ 12. 31.까지의 1년간 손익을 보면 매출액은 27억 원이고, 여기에서 매출원가 17억 8천만 원을 차감하면 매출총이익은 9억 2천만 원이 됩니다. 이는 매출액 대비 약 34%로 이 비율을 매출총이익률이라고 합니다.
> 　매출총이익에서 기간 비용인 판매비와 일반관리비 1억 9천만 원을 차감하면 영업이익이 7억 3천만 원으로 매출액 대비 약 27%가 됩니다.
> 　영업이익에다 영업외수익 8천만 원을 더하고 영업외비용 6천만 원을 차감하면 법인세비용 차감전 순이익이 계산되는데, 그 금액은 7억 5천만 원입니다.
> 　여기에서 법인세비용 1억 5천만 원을 차감하면 올해의 당기순이익은 6억 원이 되고, 1주당 당기순이익은 6천 원(6억 원 / 주식수 100,000주로 가정)이 됩니다.

제2절 제조원가명세서의 이해

물건을 직접 만들어 파는 기업을 제조업이라고 부른다. 동네의 빵집부터 거대한 유조선을 만드는 조선업에 이르기까지 규모나 업종이 다양하다. 제조업의 원가는 제조활동을 위한 제조원가와 판매관리 활동을 위한 판매관리비로 나뉜다.

1. 제조원가의 구성

〈그림 4-10〉 제조원가의 구성

<table>
<tr><td colspan="3">판매비와 일반관리비</td><td rowspan="4">총원가</td></tr>
<tr><td rowspan="3">제조원가</td><td colspan="2">재료비</td></tr>
<tr><td rowspan="2">가공비</td><td>노무비</td></tr>
<tr><td>제조경비</td></tr>
</table>

제품원가(Product Cost)는 그 제품이 팔리기 전까지는 재고자산의 원가로 남아 있다가, 제품이 팔리면 판매된 기간에 매출원가로 포괄손익계산서에 보고된다. 그 반면 판매비와 일반관리비는 각 기간별로 판매와 관리 활동을 위해 자원이 즉각적으로 사용되므로, 자원이 사용되는 기간에 비용항목으로 포괄손익계산서에 보고되는데, 이러한 속성을 '기간 원가(Period Cost)'라고 한다.

2. 제조원가의 흐름

제조원가의 흐름은 〈그림 4-11〉 또는 〈그림 4-12〉과 같이 표시할 수 있다.

〈그림 4-11〉 제조원가의 흐름

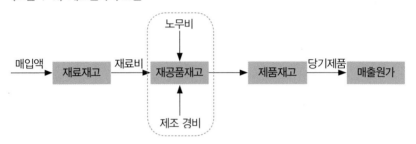

제조기업에는 3가지 주요 재고자산이 있는데 재료, 재공품, 제품재고이다. 제조원가는 이 3가지 재고자산을 제조 공정에 따라 차례대로 거치면서 흘러가다가 제품이 팔리면 매출원가라는 비용으로 포괄손익계산서에 보고된다.

〈그림 4-12〉 제조원가의 재고계정 간 흐름

재료재고		재공품재고		제품재고	
• 기초재료 매입액	• 재료원가 • 기말재료	• 기초재공품 • 재료원가 • 노무원가 • 제조경비	• 당기제품 제조원가 • 기말재공품	• 기초제품 • 당기제품 제조원가	• 매출원가 • 기말제품
××× = ×××		××× = ×××		××× = ×××	

위에 표시한 재고 계정의 차변과 대변, 즉 왼쪽과 오른쪽 잔액은 항상 일치하여야 한다. 그래야만 아래의 계산식이 성립되는 것이다.

※ 재료원가 = 기초 재고 + 당기재료 매입액 – 기말 재고

※ 당기 제품제조원가 = 기초재공품 + 당기 총제조원가[재료원가 + 노무원가 + 제조경비] – 기말재공품

※ 매출원가 = 기초 제품 + 당기 제품제조원가 – 기말 제품

3. 제품원가계산

제품원가의 계산은 "하느님만이 안다."는 격언이 있을 정도로 복잡하다. 직접비와 간접비의 구분도 애매모호할 수 있고, 간접비를 어떤 기준으로 배부할 것인가에 따라서 금액이 달라지기 마련이기 때문이다.

1) 개별 원가계산

개별원가계산(job-order costing)은 빌딩 건설이나 선박 건조 등과 같이 주문에 의해 제품을 생산할 경우 주문 단위별로 원가를 집계하는 방법이다.

〈그림 4-13〉 개별 원가계산

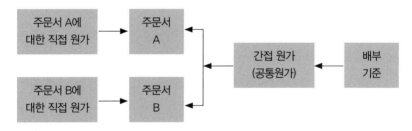

개별 원가계산에서는 직접 원가는 특정 제품에 직접 부과하고, 간접 원가인 제조 간접비는 총액을 집계한 후 적절한 배부 기준에 따라 각 제품에 배부하여 원가를 계산한다.

2) 종합 원가계산

종합원가계산(process costing)은 연속적인 제조공정에서 대량생산되는 제품원가를 계산하는 방법이다.

가) 원가의 흐름

투입되는 원재료(직접재료비)와 가공원가인 노무원가(직접노무비)와 제조 간접원가(제조 간접비)는 재공품을 구성하며, 완성되는 시점에 제품계정으로 대체된다.

나) 직접비의 집계와 간접비의 배부

직접비는 각 공정에 직접 집계하지만, 제조간접비는 일정한 기준에 따라 배부하게 된다.

$$제품의\ 단위당\ 원가 = \frac{일정\ 기간의\ 제조원가}{동기간의\ 완성품\ 수량}$$

4. 제조원가명세서 양식

제조기업은 제조원가명세서에 제조원가를 보고한다. 제조원가명세서는 재무제표의 부속명세서 중의 하나로 재료비, 노무비, 제조경비의 세부금액과 제조원가의 흐름을 보여준다.

상장기업의 재무제표와 부속명세서는 금융감독원(www.fss.or.kr, dart.fss.or.kr)이나 한국거래소(www.krx.co.kr)의 전자공시를 이용하여 볼 수 있다. 그러나 제조원가명세서의 외부공시가 더 이상 강제적이지 않으므로, 최근에는 일부 기업만이 제조원가명세서를 공시하고 있다. 제조원가명세서의 양식은 다음과 같다.

〈그림 4-14〉 제조원가명세서

제조원가명세서

202X.1.1.부터 12.31.까지

정수제과 (단위: 만 원)

구분	금액		비고
Ⅰ. 재료비		10,600	
1. 기초 재료 재고액	200		
2. 당기 재료 매입액	10,700		
3. 기말 재료 재고액	(300)		
Ⅱ. 노무비		1,300	
1. 임금	500		
2. 급료	200		
3. 퇴직급여	150		
4. 상여금	400		
5. 연월차수당	50		
Ⅲ. 제조경비		1,400	
1. 복리후생비	200		
2. 동력용수비	150		
3. 보험료	10		
4. 소모품비	30		
5. 수선비	100		
6. 특허사용료	20		
7. 감가상각비	500		
8. 개발비 상각	110		
9. 기타	280		
Ⅳ. 당기 총제조원가		13,300	
Ⅴ. 기초 재공품 재고액		100	
Ⅵ. 기말 재공품 재고액		(150)	
Ⅶ. 당기 제품 제조원가		13,250	

STORY가 있는 회계

1. 원가의 분류

1) 직접비와 간접비

가) 직접비

발생한 원가를 집계할 때 원가대상인 제품, 부서, 사업, 또는 프로젝트별로 분리가 가능한 것이 있고, 분리가 불가능한 것이 있다. 예를 들어 병원에 내과와 외과가 같이 있다면 각 진료과의 의사와 간호사의 급여는 진료과별로 분리가 가능하나, 내과와 외과가 공통적으로 사용하는 의무기록실의 인원과 설비에 대한 원가는 분리가 불가능하다.

이렇게 원가대상별로 분리 또는 추적이 가능한 원가를 직접원가(Direct Cost) 또는 개별원가(Separable Cost)라 하고, 불가능한 원가를 간접원가(Indirect Cost) 또는 공통원가(Common Cost)라고 한다.

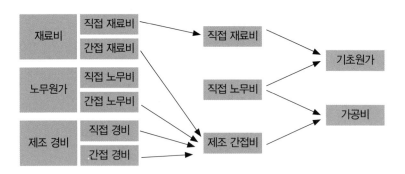

나) 간접비

원가대상에 간접적 또는 공통적으로 발생하는 간접원가(공통원가)는 전체 금액을 측정한 후 필요하면 원가대상에 배분해야 한다. 물론 원가의 추적은 기술적인 측면뿐만 아니라 경제성에 의해서도 결정된다. 실무적으로 원가계산이 복잡한 이유는 이 공통원가를 어떻게 배부해야 합리적인지 고민되기 때문이다.

2) 고정비와 변동비

가) 변동비

[변동비]는 매출액, 제품의 생산량 또는 판매량의 증감에 수반하여 비례적으로 증감하는 비용을 의미한다. 단적으로 [매출원가]는 [변동비], 그 이외의 비용은 [고정비]로 간단히 구분하는 경우도 있다.

나) 고정비

[고정비]는 매출액, 제품의 생산량 또는 판매량의 증감과는 관계없이 고정적으로 발생하는 비용을 의미한다. 제조업의 경우에는 [매출원가] 안에 [고정비]가 포함되는 수가 많기 때문에 주의가 필요하다.

[고정비]의 비중이 높은 회사는 매출액이 비약적으로 증가하더라도 비용은 그리 크게 늘지 않기 때문에 이익을 많이 낼 수 있다. 이와 반대로 매출액이 떨어진 경우에는 고정비 부담이 가중되어 적자로 전락할 우려가 있다.

3) 제조원가와 비제조원가

제조활동과 관련이 있으면 제조원가라 하고, 관련이 없으면 비제조원가라고 한다. 비제조원가의 대표적인 예는 판매비와 관리비이다.

4) 통제가능 원가와 통제불능 원가

통제가능 원가(controllable cost)는 경영자가 원가 크기를 통제할 수 있는 원가이고, 통제불능 원가(uncontrollable cost)는 경영자가 통제할 수 없는 원가이다. 통제가능 원가와 통제불능 원가의 구분은 경영자의 업적평가시 매우 중요한 개념이 된다.

5) 의사결정 관련원가

합리적인 선택을 위하여 도움이 되는 매우 중요한 원가개념으로 의사결정 관련 원가를 알아보자.

가) 차액원가

두 대안 간에 원가에 차이가 존재하는 경우, 이 차이를 차액원가(differential cost)라고 한다. 만일 두 대안 간의 수익에 차이가 존재하면 이 차이는 차액수익이 된다. 따라서 의사결정(판단)을 할 때, 대안 간의 차액수익과 차액원가를 비교해서 이익이 많이 발생하는 대안을 선택하게 된다.

나) 기회원가

기회비용(opportunity cost)이라고도 한다. 예를 들어, 지금 1백만 원의 골프채를 사지 않는 대신 그 돈을 은행에 5퍼센트 금리로 맡길 경우 5년 후에는 1,276,282원[$=1,000,000 \times (1.05)^5$]원이 된다고 가정해 보자.

지금 골프채를 사는 선택에 대한 기회비용은 5년 후에 받게 되는 1,276,282원이다. 즉, 기회비용은 여러가지 대안 가운데 하나를 선택했을 때 포기한 다른 대안에서 얻을 수 있는 이익의 크기를 의미한다.

다) 매몰원가

매몰원가(sunk cost)는 매몰비용 또는 기(既)발생 원가라고 하며, 이미 발생하여 더 이상 돌이킬 수 없는 원가를 말한다. 예를 들면, 사업을 확장하기 위하여 설비계약을 체결하고 대금도 지불하였다. 그러나 검토한 결과 그 의사결정은 계속적으로 적자가 발생될 것으로 판단하여 중단했다면, 이미 지불한 금액은 크더라도 매몰원가가 되는 것이다. 우리 속담에 '엎질러진 물'이라고 하는 표현과 같다. ♣

2. 손익분기점 분석

1) BEP 계산

CVP(cost-volume-profit)는 원가, 조업도(操業度, 생산시설의 가동율), 가격 그리고 이익 간의 관계를 분석하는 기법이다. 손익분기점(break-even point : BEP) 분석이라고 한다. 손익분기점에서의 판매량은 다음과 같이 계산된다.

"판매량(Q) × 판매단가(P) = 고정비(F) + 판매량(Q) × 변동비(V)"

이를 BEP 판매량 산식으로 표시하면 아래와 같다.

$$BEP\ 판매량(Q) = \frac{F}{(P-V)}$$

〈손익분기점 도표〉

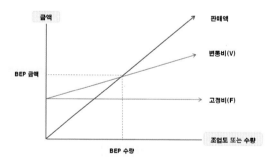

2) 공헌이익(C/M)

한 단위의 제품을 추가적으로 판매함으로써 증가되는 순이익을 공헌이익(Contribution margin)이라고 한다. 즉 "판매단가 - 변동원가"가 공헌이익이다.

이와 같은 개념을 이용하여 목표이익 계획을 수립할 수 있다.

$$단위당 공헌이익 = P - V, \quad 공헌이익 = Q \times (P - V)$$

3) 사례

아래의 자료를 이용하여 떡볶이 장사에 대한 CVP분석을 해보자.

(단위: 원)

1. 떡볶이 1인분 판매가격	1,000
2. 1인분에 소요되는 변동 원가	500
(떡, 라면, 달걀, 어묵 등)	
3. 고정 원가(임차료 등)	500,000

가) BEP 판매량 = 500,000 / (1,000 − 500) = 1,000인 분

나) 판매수량을 늘리기 위해서 광고하는 문제를 고려중이다. 광고를 할 경우 판매수량이 현재 1,500인 분에서 2,000인 분으로 증가할 것으로 예상하고 있다. 광고비는 200,000원이다.

광고를 하는 것이 유리한지를 분석해 보면, 광고를 하여 매출을 증가시키는 것이 50,000원 이익이라는 것을 알 수 있다.

① 공헌이익 증가: 매출액증가(500단위) × 단위당 공헌이익(500원)

= 250,000원

② 광고비 증가: 200,000원

③ 순이익 증가: 공헌이익 증가(25만 원) − 광고비 증가(20만 원)

= 50,000원 ♣

학이시습지(學而時習之)

1. 손익계산서(P/L)는 일명 이익계산서(income statement)라고도 하며, 일정 기
   간 의 경영성과를 촬영한 비디오 테이프라고 말할 수 있다. (   )

2. 정관(定款)에 열거된 목적 사업을 통하여 얻은 수익에서 매출원가와 판매비,
   일반관리비를 차감한 이익을 (   ) 이익이라 한다.

3. 일반 회사의 이자수익은 영업외수익이고, 금융업의 이자수익은 (   ) 수익이
   된다.

4. 기초재고와 당기매입액이 확정되었다 하더라도, 재고자산을 과대평가하면 매
   출원가가 (   ) 계상되어 그 만큼 당기순이익은 과대 계상되는 회계분식이
   된다.

5. 손익계산서상 손익의 배열순서로 맞는 것은?
   ① 매출총손익 → 영업손익 → 소득세비용 차감전 순손익 → 당기순손익
   ② 매출총손익 → 경상손익 → 영업손익 → 소득세비용 차감전 순손익 → 당기
      순손익
   ③ 매출총손익 → 영업손익 → 법인세비용 차감전 순손익 → 당기순손익
   ④ 매출총손익 → 경상손익→영업손익 → 법인세비용 차감전 순손익 → 당기
      순손익

6. 다음 자료에서 당기 매출총이익은 얼마인가?

> · 기초 재고액 500,000원 · 당기 매출액 5,200,000원
>
> · 당기 매입액 4,300,000원 · 기말 상품재고액 800,000원

① ₩400,000　　② ₩600,000　　③ ₩900,000　　④ ₩1,200,000

7. 기(旣)발생 원가라고도 하며, 이미 발생하여 더 이상 돌이킬 수 <u>없는</u> 원가를 (　　)이라 한다.

8. 총수익과 총원가가 같은 조업도(가동율) 수준을 (　　)이라고 한다.

9. 태양제조(주)에서는 1월중 ₩32,000의 총변동원가로 A제품을 40,000개 생산하였다. 2월 중 50,000개의 A 제품을 생산한다면 변동원가는 얼마가 되겠는가?

① ₩32,000　　② ₩40,000　　③ 단위당 ₩1　　④ 정답 없음

10. 다음중 원가에 대한 통제 가능성이 높은 것은?

① 기간　　② 고위 경영층　　③ 위의 2가지 모두　　④ 정답 없음

[정답]

1. ○　2. 영업　3. 영업　4. 과소　5. ③　6. ④　· 매출원가 = 500,000 + 4,300,000 − 800,000 = 4,000,000원　· 매출총이익 = 5,200,000 − 4,000,000 = 1,200,000 원　7. 매몰　8. 손익분기점　9. ② 제품당 변동원가 = 32,000 / 40,000개 = 0.8원/개임. 따라서 5만 개의 변동 원가 = 0.8 * 50,000개 = 40,000원　10. ③

제5장
현금흐름표, 자본변동표, 주석, 이익잉여금처분계산서

 **현금흐름표의 이해**

1. 현금흐름표의 필요성

1) 현금흐름표(C/F)란?

기업을 운영하는 데 있어 인체의 혈액과 같은 것이 현금이며, 기업의 도산 원인 중 상당 부분이 자금 압박에 기인한다. 따라서 현금의 유입과 유출내용에 관한 정보는 매우 중요하다.

그런데 발생주의 원칙에 따라 작성된 손익계산서에서는 이익이 발생하였다 하더라도 당기 비용에 포함되지 않는 시설투자 등으로 지출이 되어 자금이 없을 수도 있고, 반대로 결손임에도 불구하고 당기의 수익으로 포함되지 않는 차입금 등으로 자금이 풍부할 수도 있다.

현금흐름표(C/F: Statement of Cash Flow)는 발생주의에 따라 작성한 손익계산서와 재무상태표를 현금주의로 요약 정리하여 영업활동, 투자활동 및 재무활동으로 나누어 기초의 현금잔액이 기말의 현금잔액으로 변동한 원인을 보여주는 보고서이다. 바꾸어 말하면 cash(= 돈)의 flow(= 흐름) 표이다.

2) 현금흐름의 3가지 구분

기업의 활동 범위는 대단히 넓지만, 현금흐름을 정리하기 위해서는 아래와 같이 3가지로 단순화하는 것이 이해가 쉽다.

먼저 재무활동(財務活動, financing activities)이란 자금을 조달하는 행위로, 주식을 발행하여 자금을 조달하거나 이익을 분배하는 행위 및 금융기관으로부터 자금을 차입하거나 차입된 자금을 상환하는 행위 등을 말한다.

투자활동(投資活動, investing activities)은 설비 투자나 주식이나 사채(社債) 등 각종 비유동자산에 투자하거나 이들을 처분하는 활동을 말한다.

그리고 영업활동(營業活動, operating activities)이란 재무활동과 투자활동을 제외한 나머지 모든 활동을 일괄해서 말한다. 즉 원재료 구입, 제품의 생산, 대금의 회수, 직원의 급여 지급, 교통비 등 판매비와 관리비의 지급, 법인세 납부 등으로 재무활동과 투자활동이 아닌 것은 모두 포함된다.

〈그림 5-1〉 기업의 활동 분류

재무 활동	투자 활동	영업 활동
• 자금을 차입하거나 상환하는 활동	• 설비 투자 또는 주식, 사채 등에 투자하고 처분하는 활동	• 재무, 투자 활동 이외의 모든 활동

3) 현금흐름(C/F)의 포인트

현금흐름의 포인트는 위의 3가지 활동으로 생기는 흐름이 (+)인가 (-)인가를 잘 살펴야 한다.

〈그림 5-2〉 각 현금 흐름에서 읽을 수 있는 것

	영업 C/F	투자 C/F	재무 C/F
증가 (+)	⬆ 본업이 순조로움	⬆ 보수적 경영	⬆ 도입·성장기
감소 (-)	⬇ 본업에서 고전함	⬇ 공격적 경영	⬇ 성숙·쇠퇴기

4) 투자 C/F와 재무 C/F의 점검

이상과 같이 세 가지의 C/F 각각이 (+)인지 (-)인지를 보기만 해도, 그 회사의 상황을 파악할 수가 있다. 그렇다고 이것이 절대적인 것은 아니다. 예를 들어, 정기예금의 예치나 인출은 각각 투자 C/F의 증가와 감소에 포함된다.

따라서 여유 자금 운용의 일환으로 많은 돈을 정기예금에 예치하면 투자 C/F는 (-)가 되고, 그 정기 예금이 만기가 되면 투자 C/F가 (+)가 된다. 즉, 본래의 사업에서의 투자와는 관계없이 투자 C/F가 증감할 수 있다.

또한, 사업이 서서히 쇠퇴하는 상황을 내다보고 추가로 차입을 할 수도 있다. 그러면 사업이 [도입기·성장기]가 아니라도 재무 C/F가 (+)가 될 수도 있는 것이다. 따라서 투자 C/F나 재무 C/F는 더더욱 그 세부 내용을 살펴보는 것이 때때로 필요하다.

2. 현금흐름표의 양식

현금흐름표의 양식은 직접법과 간접법이 있다. 직접법과 간접법의 차이는 투자활동과 재무활동의 표시 방법은 차이가 없고 "영업활동 현금흐름"을 어떻게 분석하느냐에 따라 달라진다.

1) 간접법

우리나라 기업의 경우 대개 당기순이익에서 출발하는 간접법에 의한 현금흐름표를 작성하고 있다고 보면 된다.

〈그림 5-3〉 현금흐름표의 양식(간접법)

현금흐름표

(회계기간)

(주)정수   (단위: 원)

Ⅰ. 영업활동 현금흐름		×××
1. 법인세비용 차감전 순이익(손실)	×××	
2. 현금의 유출이 없는 비용 등의 가산	×××	
3. 현금의 유입이 없는 수익 등의 차감	(×××)	
4. 영업활동으로 인한 자산·부채의 변동	<u>×××</u>	
	×××	
5. 이자와 법인세 유출액 차감	(×××)	
Ⅱ. 투자활동 현금흐름		×××
1. 투자활동으로 인한 현금유입액	×××	
2. 투자활동으로 인한 현금유출액	(×××)	
Ⅲ. 재무활동 현금흐름		×××
1. 재무활동으로 인한 현금유입액	×××	
2. 재무활동으로 인한 현금유출액	(×××)	
Ⅳ. 현금의 증가(감소)(Ⅰ+Ⅱ+Ⅲ)		×××
Ⅴ. 기초의 현금		×××
Ⅵ. 기말의 현금		×××

2) 직접법

직접법에 의한 현금흐름표는 〈영업활동으로 인한 현금흐름〉을 간접법과는 달리 '매출로 인한 현금유입액'으로 출발한다. 당기 현금 매출액은 다음과 같은 산식으로 계산된다.

기초 외상매출금 + 당기 매출액 - 기말 외상매출금 = 당기 현금매출액

같은 방법으로 '매입에 대한 현금 유출액'도 다음과 같은 식으로 계산된다.

기초 외상매입금 + 당기 매입액 - 기말 외상매입금 = 당기 현금매입액

이렇게 하여 직접법에 의한 영업활동 현금흐름의 계산은 다음표와 같이 나타낼 수 있다.

〈그림 5-4〉 직접법에 의한 영업활동 현금흐름의 계산

1. 영업활동 현금흐름		xxx
1) 매출 등 수입 활동으로 인한 유입액	xxx	
2) 매입 및 종업원에 대한 유출액	(xxx)	
3) 이자수익 유입액	xxx	
4) 배당금수익 유입액	xxx	
5) 이자비용 유출액	(xxx)	
6) 법인세비용 유출액	(xxx)	
……	……	

3. 현금 흐름(Cash Flow)의 대표적 패턴[6]

3개 부문(영업, 재무, 투자)의 현금 흐름이 각각 + (플러스)와 − (마이너스)의 두 종류가 있으므로 가능한 조합은 모두 8개의 유형이 나올 수 있으나, 대표적인 유형 5가지를 소개하면 다음과 같다.

1) 우량기업형

영업 C/F(현금흐름)이 (+), 투자 C/F가 (−), 재무 C/F가 (−)인 조합인 회사는 우량기업의 전형적인 모습이다. 본래의 영업활동으로 충분한 현금을 벌어들이고 있는 가운데, 벌어들인 현금을 투자에 충당하고 여유 있는 현금으로는 차입금 상환이나 주주에 대한 배당으로 돌리고 있는 것을 알 수 있다.

〈그림 5-5〉 우량기업형

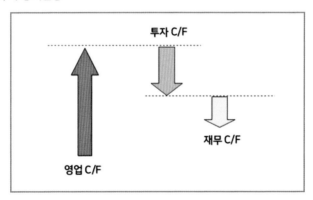

2) 적극 투자형

영업 C/F(현금흐름)이 (+), 투자 C/F가 (−), 재무 C/F가 (+)인 조합인 회사는 투자를 적극적으로 행하는 기업이다. 본업으로 번 현금과 외부에서 자금조달을 통하여 장래를 위한 투자에 돌리는 것을 알 수 있다.

---

6) 「결산서를 읽는 방법, 활용방법」, 가와구치 히로유키, 전게서(pp 66~71)를 참조하였음.

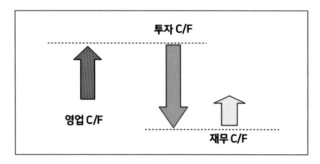

3) 선택과 집중형

영업 C/F(현금흐름)이 (+), 투자 C/F가 (ㅣ), 재무 C/F가 (−)인 조합
인 회사는 사업의 선택과 집중을 하는 기업이다. 본업으로 벌어들이는
현금이 있기는 하지만 그 자금으로는 차입금 상환에 충당하고 있는 모
습을 보이는 회사이다. 사업의 선택과 집중이 잘 이뤄지는 경우에는 다
음 회계연도 이후에 실적을 크게 올리는 경우를 볼 수 있다.

〈그림 5-7〉 선택과 집중형

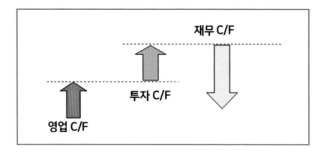

4) 벤처 기업형

영업 C/F가 (−), 투자 C/F가 (−), 재무 C/F가 (+)인 조합인 회사는
시작하는 벤처에서 흔히 볼 수 있는 형태이다. 사업은 아직 궤도에 오르

지 못하였으나 장래성을 내다보고 투자자가 출자를 함으로써 당면한 운
전자금과 투자자금을 당분간 조달하고 있는 형편이다.

〈그림 5-8〉 벤처형

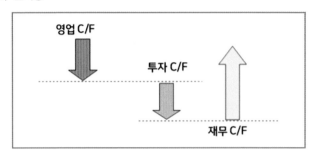

5) 위험 직면형

영업 C/F, 투자 C/F, 재무 C/F가 모두 (−)의 조합인 회사는 꽤나 위
험한 국면에 처해 있다. 본래의 영업이 잘 이뤄지지 않고 있으며 어떻게
든 사업을 살리기 위해서 투자를 진행시키지만 은행의 요청으로 차입금
을 변제하고 있는 상황이다. 신규 투자가 실패하면 도산의 위기에 놓이
게 된다.

〈그림 5-9〉 위험 직면형

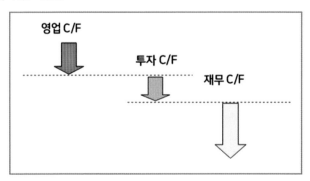

4. 프리 현금흐름(FCF)의 개념

최근 주목을 받는 프리 캐시플로우(Free Cash Flow: FCF)라는 개념은 언론 등에서 FCF라든가 순현금 수지 등으로 표현하기도 한다. 프리 현금흐름은 기업이 사업활동에서 획득한 현금 중 자유롭게 사용할 수 있는 현금을 부르는 말이다.

1) FCF의 계산

FCF의 산출방법은 여러가지가 있으나, 여기서는 가장 단순한 계산방법을 알아보자.

> 프리 현금흐름(FCF) = 영업 C/F + 투자 C/F

〈그림 5-10〉에 나타나는 2개 회사를 보면 FCF가 (+)인 왼쪽 기업은 본업으로부터 획득한 현금의 범위 내에서 미래를 위하여 투자하고 있는 모습이다. 그래서 자신의 눈높이에 맞는 건전한 범위 안에서의 투자라고 말할 수 있다.

반대로 FCF가 (−)인 오른쪽 기업은 본업으로 획득한 현금을 뛰어넘는 규모로 투자를 하고 있는 모습이다. 그래서 자기의 능력 이상의 과잉투자를 하고 있는 것으로 볼 수 있다. 유의할 점은, 한 회계연도의 현금흐름으로 (+)인지 (−)인지를 판단하는 것이 아니라, 과거 3개년도 정도의 현금흐름을 보는 것이 중요하다.

〈그림 5-10〉 프리 현금흐름(FCF)

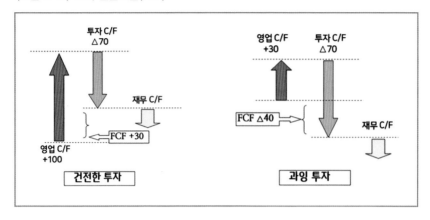

2) 프리 현금흐름(FCF)과 과잉투자 금지

FCF는 다른 회사의 투자의 건전성을 파악할 뿐만 아니라 자기 회사의 투자에 있어서도 사용되는 지표이다. 때때로 경영자는 자신의 경영판단이 옳다고 믿는 가운데 프리 현금흐름의 추세를 알지 못하여 특정한 사업에의 투자를 계속하는 경우가 생기게 되는 것이다. 이렇게 한번 깊이 빠지면 되돌리기 어려워지며 성과가 나올 때까지 현금을 쏟아 붓고는 도산을 하게 되는 패턴도 생기게 된다.

 자본변동표의 이해

1. 자본변동표란 무엇인가?

　자본변동표(C/E; Statement of Changes in Equity)는 기업실체에 대한 자본의 크기와 그 변동에 관한 정보를 제공하는데 있다. 따라서 자본을 구성하고 있는 모든 항목의 변동 내용을 표시하게 된다.

　자본변동표는 재무제표의 연계성을 제고시키며, 자본변동표상의 정보는 다른 재무정보와 함께 사용되어야 그 유용성이 증대된다. 예를 들어 주주에 대한 배당은 포괄손익계산서상의 당기순이익과 비교할 필요가 있으며, 유상 증자 및 자기주식의 취득은 재무상태표에서 신규 및 상환되는 부채의 크기와 비교될 때 유용성이 증대된다.

2. 자본변동표의 양식

〈그림 5-11〉 자본변동표

자본변동표

202X년 1월 1일부터 202X년 12월 31일까지

(주)정수　　　　　　　　　　　　　　　　　　　　　　　　　(단위: 천 원)

구분	자본금	자본잉여금	자본조정	기타포괄손익누계액	이익잉여금	총계
1. 202X. 1. 1.(기초)	500	250	−	−	100	850
2. 연차배당	−	−	−	−	(50)	(50)
3. 유상증자	200	200	−	−	−	400
4. 자기주식취득	−	−	(30)	−	−	(30)
5. 매도가능증권 평가이익	−	−	−	30	−	30
6. 당기순이익	−	−	−	−	200	200
7. 202X. 12. 31.(기말)	700	450	(30)	30	250	1,400

자본변동표는 위의 〈그림 5-11〉와 같이 자본금, 자본잉여금, 자본조정, 기타포괄 손익 누계액 및 이익잉여금 등의 자본 구성항목을 각 항목별로 기초잔액과 변동사항 및 기말잔액으로 표시한다. 기초 잔액은 전기말의 금액이고 기말잔액은 기초 잔액에 기중 변동사항을 가감한 것으로 각 항목별 변동사항이 자본변동표의 핵심정보라고 말할 수 있다.

　즉, 자본 구성항목의 증가 또는 감소를 일으킨 거래만이 자본변동표에 반영된다. 그런데 이익준비금의 적립은 이익잉여금의 금액에는 영향을 미치지 않기 때문에 자본변동표에 표시하지 않는다.

※ 미국의 2달러 지폐는 네 잎 클로버, 숫자 7 등과 함께 행운을 상징하는 대표적인 아이템이다. 1862년에 처음 제작되었는데 미국 독립선언을 한 제2대 토마스 제퍼슨 대통령의 초상이 앞면에 담겨 있고, 뒷면에는 1976년 독립 200주년을 기념하여 독립선언문에 서명하는 모습이 담겨 있다.

제3절 주석이란 무엇인가?

1. 재무4표와 주석의 관계

1) 주석(註釋)이란?

재무제표는 ① 재무상태표, ② 포괄손익계산서, ③ 현금흐름표, ④ 자본변동표의 재무4표와 ⑤ 주석의 5가지로 구성된다. 주석을 제외한 재무4표에서는 재무적(숫자) 정보는 알 수 있지만, 기업의 질적 정보(비재무적 정보)는 제공하지 못한다. 또 재무적 정보라 하더라도 산출근거나 보충 설명이 필요한 곳도 있다.

이와 같이 재무4표를 보완하고 보충하는 설명문을 주석이라 한다. 구체적으로는 재무제표상의 해당 과목 또는 금액에 기호를 붙이고, 난외(欄外) 또는 별지에 동일한 기호를 표시하여 그 내용을 간결 명료하게 기재한다. 따라서 재무제표를 이용 시 주석사항을 충분히 읽어 보고 의사결정에 활용하여야 한다.

2) 주석의 실제 내용 및 분량

회계법인 또는 공인회계사가 외부회계감사를 하고 난 뒤, 감사보고서를 이사회나 주주총회 앞으로 송부하게 된다. 송부된 감사보고서의 분량을 보면 크게 세 분류로 나눠지는데, 첫째가 1~2페이지의 감사보고서 본문이고, 두 번째로 3~5페이지의 재무 4표이며, 나머지는 회사의 개요나 재무4표에 대한 숫자의 산출 근거에 대한 설명으로 이어지는 주석이다. 이 세 번째의 주석은 통상 약 50~100 페이지로 감사보고서 책자의 대부분을 차지한다.

2. 주석 예시

2020년 6월 30일 현재로 회계기간이 끝나는 동아알루미늄 주식회사의 제32(당)기 주석사항의 일부를 예시하면 다음과 같다.

먼저 1) 회사의 개요를 설명하고, 이어 2) 회사가 적용하고 있는 유의적인 회계정책이 무엇인지를 설명함으로써, 재무 4표의 숫자에 대한 보충설명을 하고 있다.

1) 당사의 개요

동아알루미늄 주식회사(이하 "당사")는 인천광역시 서구 가재울로 54에 본사 및 공장을 두고 있으며, 1988년 7월 7일 알루미늄 텐트용 폴대의 제조를 목적으로 설립되었습니다. 당기말 현재 당사의 대표이사는 라제건입니다.

당사는 설립 후 수차의 증자를 거쳐 2020년 6월 30일 현재 납입자본금은 1,400백만원(액면가액 주당 5,000원)입니다. 보고기간 종료일 현재 당사의 주주구성은 다음과 같습니다.

주주명	당기		전기		비고
	소유식수 (주)	지분율(%)	소유식수 (주)	지분율(%)	
라제건외 2인	163,480	58.39	163,480	58.39	대표이사 및 특수관계자
(주)헬리녹스	70,400	25.14	70,400	25.14	
자기주식	20,000	7.14	20,000	7.14	
기타	26,120	9.33	26,120	9.33	
합계	280,000	100.00	280,000	100.00	

2) 유의적 회계정책

당사가 일반기업회계기준에 따라 작성한 재무제표에 적용한 유의적인 회계정책은 다음과 같습니다.

(1) 현금 및 현금성자산

당사는 통화 및 타인발행수표 등 통화대용증권과 당좌예금, 보통예금 및 큰 거래비용 없이 현금으로 전환이 용이하고 이자율 변동에 따른 가치변동의 위험이 경미한 금융상품으로서 취득 당시 만기일(또는 상환일)이 3개월 이내인 것을 현금 및 현금성자산으로 분류하고 있습니다.

(2) 재고자산

재고자산의 취득원가는 매입원가 또는 제조원가 취득에 직접적으로 관련되어 있으며 정상적으로 발생되는 기타원가를 포함하고 있으며, 재고자산의 단위원가는 선입선출법으로 결정하고 있습니다. 재고자산의 시가가 취득원가보다 하락한 경우에 발생한 평가손실 및 정상적으로 발생한 감모손실은 매출원가에 가산하고, 평가손실은 재고자산의 차감계정으로 표시하고 있습니다. 한편, 재고자산 평가손실을 초래했던 상황이 해소되어 새로운 시가가 장부금액보다 상승한 경우에는 최초의 장부금액을 초과하지 않는 범위 내에서 평가손실을 환입하고 매출원가에서 차감하고 있습니다.

> 이하 아래 제목의 주석 분량이 30~50여 쪽이나 되는데, 내용을 생략한다.

제4절 **이익잉여금 처분계산서(또는 결손금 처리계산서)의 이해**

이익잉여금 처분계산서(Statement of retained earning)는 상법상 필수적으로 작성해야 할 서류이고, 동시에 법인세 신고 시 빠지면 누락으로 법인세 무신고가 된다. 따라서 실무적으로 반드시 작성해야 한다. 다만, 회계상 재무제표에 포함되지 않고 자본변동표의 주석으로 공시한다.

1. 이익잉여금 처분계산서 양식

이익잉여금 처분계산서(안)

202X년 1월 1일부터 12월 31일까지
(처분확정일 : 202Y년 2월 28일)

(주)정수   (단위: 원)

구분	금액		비고
Ⅰ. 미처분이익잉여금		xxx	202X년 12월 31일
1. (전기이월)미처분이익잉여금	xxx		(결산일)
2. 당기순이익	xxx		회계처리
Ⅱ. 임의적립금 이입액		xxx	
1. xx적립금	xxx		
2. xx적립금	xxx		
Ⅲ. 이익잉여금처분액		xxx	
1. 이익준비금	xxx		202Y년 2월 일
2. 배당금	xxx		(주주총회일)
가. 현금배당	xxx		회계처리
나. 주식배당	xxx		
3. xx적립금	xxx		
Ⅳ. (차기이월)미처분이익잉여금		xxx	

만약 미처분 이익잉여금이 아니고, 결손금일 경우에는 제목이 「결손금 처리계산서」가 된다.

2. 미처분 이익잉여금

한 회계기간 동안 발생한 당기순이익은 이익잉여금으로 대체되어 증가하고, 자본 출자자인 주주에게 배당금을 지급함으로써 이익잉여금은 감소하게 된다. 과도한 배당금의 지급으로 인한 재무구조 약화를 방지하고자 법규에 의해서(예: 이익준비금) 또는 자발적으로 각종 적립금을 설정한다.

※ △△적립금에 대한 진실

'임의적립금'에는 '금'자가 있어서 마치 자금을 실제로 적립하는 것으로 오해하는 경우가 많나. 즉, '석립'을 일상생활에서의 용어와 혼동하여, 기업 내에 현금으로 보관하고 있는 것으로 생각하기 쉽다.

복식부기의 좌변(차변)과 우변(대변)에서 부채와 자본은 우변에 표시하고 있으며, 우변은 좌변에 기록된 자산을 조성하게 된 자금의 원천을 설명하는 추상적인 금액에 불과하다.

사실 우변에 나타난 여러 회계용어 중 "△△금"이라는 회계용어는 마치 돈인 것처럼 해석될 수도 있어 바람직하지 못하다.

이러한 점을 감안할 때 "△△금"이라는 이 용어를 "△△유보액"과 같이 변경하면 오해를 다소 줄일 수 있을 것이다. 그러므로 예를 들어 시설확장 적립금을 실제로 적립하려면 우변이 아닌 좌변의 자산에 있는 예금을 따로 기금형태로 예치해 별도로 관리하여야 한다.

---

3. 미처분 이익잉여금의 처분과 배당 성향

미처분 이익잉여금은 주주총회에서 미처분 이익잉여금을 처분하는 절차를 거쳐 일부는 자기 자본에 대한 이자성격인 배당의 형태로 주주에게 분배하여 처분된다. 배당성향은 당기순이익 중에서 주주에게 배당을 얼마나 했느냐를 말하는 지표로서 아래와 같이 산출된다.

$$배당\ 성향\ (\%) = \frac{현금\ 배당액}{당기순이익} \times 100$$

나머지는 사내에 ① 법정적립금, ② 임의적립금, ③ 미처분 이익잉여금의 형태로 유보시킨다.

따라서 특정시점에서 결산서에 나타낸 이익잉여금은 기업의 설립 이후 창출한 경영성과 중 배당 등으로 처분되지 않고 사내에 남아있는 유보액이다.

STORY가 있는 회계

1. 현금 잔액을 이익으로 착각한 사장

대기업 영업부에 10년간 근무하다 독립하여 이제 어엿한 중소기업을 운영하고 있는 정 사장은 어느 날 퇴근 무렵 무심코 회사 통장을 보다가 하마터면 쓰러질 뻔했다. 그 동안 경리과 김 과장으로부터 올해의 이익이 30억 원 정도는 될 것이라고 수차례 보고받은 기억이 생생한데, 통장 잔고는 한 달 치 운영비도 안 되는 6억 원 밖에 없었기 때문이다. 회계를 잘 모르는 정 사장은 밤새 잠을 설치고, 다음 날 출근하자마자 김 과장을 호출했다.

그런데 경리과장의 설명은 명쾌하다. 매출액은 120억 원인데, 운영비 80억 원과 설비투자비 30억 원을 합하여 110억 원을 지출했으니 10억 원이 남아있어야 하나, 아직 4억 원은 외상대금으로 못 받았기에 통장 잔고는 6억 원 밖에 안 된다는 것이다. 그러나 회계상 당기순이익은 매출 120억 원에서 운영비 80억 원과 시설 감가상각비 10억 원을 합한 90억 원을 차감한 30억 원이라는 것이다. 그리고 결산이 끝나면 법인세액이 약 10억 원 정도 예상된다고 덧붙였다.

경리를 잘 모르는 사장은 잔고는 6억 원 밖에 없는데, 당기순이익은 30억 원이라고 당당하게 말하는 경리과장의 설명이 이해가 되지 않았다. 다음날 아침 정 사장은 과거에 다니던 대기업에 아직도 남아 관리상무로 있는 친구에게 자초지종을 설명하고, 경리과장의 말이 맞는지를 물어 보았다.

친구는 한마디로 "너희 경리과장의 말이 맞다."라며, "아무리 중소기업이라고 하더라도 사장을 하려면 그 정도 보고는 이해할 수 있어야 하는데, 그렇지 않는 네가 사장을 맡고 있는 것이 신기하다."라며 핀잔만 하는 것이었다. 사실 정 사장은 "영업만 잘 하면 회사 운영은 저절로 잘 된다."는 생각으로 운영해 왔는데, 이번 일을 계기로 회계에 대해 관심을 갖지 않을 수 없었다.

얼마의 시간이 흐른 후, 정 사장은 경리과 김과장과 마주 앉았다. 그동안 친구의 권유로 회계를 틈틈이 독학하였다며, 회계를 모르고 사장을 한 것이 부끄러웠다고 고백하는 것이다. "김 과장! 사실 그동안 차변이니 대변이니, 감가상각비니, 대손충당금이니 하면서 보고를 해도 나는 정확한 뜻도 모르면서 아전인수로 해석을 해 왔어요. 그런데 친구가 추천한 책을 훑어보니 아주 쉽고 재미있게 설명되어 있더라고요. 차변은 왼쪽을, 대변은 오른쪽이라는 것도 처음 안 일이고, 감가상각비는 무엇보다도 가치와 관계가 있는 것처럼 생각했는데 그것보다는 원가를 비용으로 배부하는 것이며, 대손충당금은 자금 적립과 관계있는 줄 알았는데 단순히 대손예정액(부실채권 예정액)에 불과하다고 말이요. 내가 이해한 것이 맞나요?"

경리과장은 속으로 우리 사장이 이렇게 달라질 줄은 몰랐다며, 이제는 언어가 통하여 오해 받을 일도 없어진 것 같아 기분이 좋았다. 다행히 회사도 생각보다 빨리 성장하여, 통장에 잔고가 꽤나 많았다. 물론 사장은 그 통장 잔고가 회계에서 말하는 '당기순이익'이 아니라는 것도 이제 알고 있다. 이제 정 사장은 선입선출법이 어떻고 회계분식이 어떻다는 등 회계 관련 전문 용어를 자연스럽게 사용하였다. 사장은 회사의 중견간부라면 어떤 분야를 맡던 간에 기초 회계만은 알아야 하며, 특히 회사 CEO에게는 필수사항이라는 것을 피부로 느끼고 있다. ♣

2. 공자도 괴테도 회계사였다

 ◆ 공자(孔子; BC551~BC479)는 중국 역사에서 가장 혼란했던 춘추전국시대에 지금의 산동성 곡부인 노(魯)나라에서 태어나 가난하게 자랐다. 노부(老父)는 세 살 때 돌아가셨고, 어머니마저 17세 때 세상을 떴다. 형제라 해도 이복형이 있었으나 그마저도 불구였다.

공자는 15세부터 학문에 뜻을 두고 예(禮)를 배웠지만, 당장 먹고 사는 것이 급하여 무슨 일이든 닥치는 대로 해야만 했다. 20세가 되어 처음으로 관직에 나갔으나, 맡은 벼슬이라곤 위리(委吏)라는 직책으로 오늘날 창고 출납을 하는 하급 경리에 불과하였다.

그러나 장부 정리(회계)를 함에 있어서 공자는 언제나 꼼꼼하고도 빈틈이 없었다. 얼마 후 가축을 사육하는 승전(乘田)이라는 직책을 맡아서도 최선을 다했기에, 누구보다도 소와 양을 잘 길러냈다고 한다. (孔子嘗爲委吏矣, 曰 '會計當而已矣'. 嘗爲乘田矣, 曰 '牛羊茁壯, 長而已矣').

비록 이끌어 주는 스승이나 도와주는 후원자도 없었지만 어떤 일이든 정성을 다하면 자신도 성장하고 세상도 변화시킨다는 강한 믿음의 소유자였다. 학문을 함에 있어서는 스승이 될 만한 사람이면 누구이든지 아무리 거리가 멀다 하더라도 찾아가 가르침을 청하고 궁금한 점을 묻고 또 물었다. ♣

◆ 괴테(1749~1832)는 80년이 넘는 긴 생애에 『젊은 베르테르의 슬픔(1774)』이란 베스트셀러에서 『파우스트』 같은 대작에 이르기까지 다양하고도 폭넓은 작품을 쓴 독일 문학의 거인이다. 그는 문학뿐만 아니라 과학자이자, 자연 연구가이기도 하였으며 뛰어난 복식부기 옹호론자였다.

괴테의 첫 직업은 문학과는 좀 거리가 있었다. 1775년, 26살의 괴테는 프랑크푸르트를 떠나 이후 제2의 고향이 된 바이마르로 향한다. 인구 6천 명인 작은 공국의 신임 군주 카를 아우구스트 대공은 괴테를 재정·회계 책임자로 맡긴 것이다. 이 일을 하면서 체험적으로 느낀 것이 "복식부기는 인간의 지혜가 발명한 위대한 산물 중의 하나다."라는 말이다. 그는 10년간 재정 및 회계를 하면서 공직을 성공적으로 수행한 행정가이자 정치가였다.

그러나 바이마르 생활 10년 만에 도망치듯 혼자 이탈리아로 여행을 떠난다. 이렇게 시작된 3년여의 여행 동안 괴테는 이탈리아의 주요 명소를 돌아보고 고전주의적 문학관을 확립한 것이다. 그의 어록에는 "현명한 답을 원한다면 현명한 질문을 해야 한다(賢答賢問)."고 했다. 괴테를 만난 나폴레옹은 "여기도 사람이 있군!"이라며 극찬을 하였다. ♣

1. 현금흐름표에서 재무활동은 기업이 설비 투자나 주식이나 사채 투자 등 각종 비유동자산에 투자하거나 이들을 처분하는 활동을 말한다. (   )

2. 발생주의에 의하여 작성된 손익계산서의 당기순이익은 경영 성과를 잘 보여주기는 하지만, 당기순이익이 곧 (   )은 아님을 알아야 한다.

3. 현금흐름표에서 (   ) 활동이란 재무활동과 투자활동을 제외한 활동을 말한다. 즉 원재료 구입, 제품의 생산, 상품이나 제품 또는 용역의 판매 및 대금의 회수, 직원의 급여 등 판매비와 관리비의 지급, 정부에 대한 법인세 납부 등이 포함된다.

4. 현금흐름표의 양식은 직접법과 간접법이 있다. 직접법과 간접법의 차이는 영업활동으로 부터의 현금을 어떻게 분석하느냐의 차이이다. (   )

5. 다음 현금흐름 패턴 중에서 우량 기업형은 ?

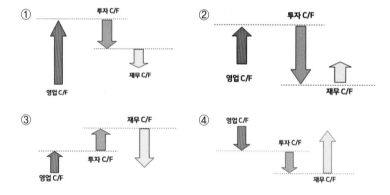

6. 기업이 사업 활동에서 획득한 현금 중 자유롭게 사용할 수 있는 여유 현금을 무엇이라고 하는가?

7. 자본변동표는 (　　)의 변동 내역을 상세히 보고한다.

8. 자본 구성항목이 <u>아닌</u> 것은?
   ① 자본금　　② 자본조정　　③ 누적 기타포괄손익　　④ 자기주식

9. 이익잉여금의 증감원인 중 가장 기본적인 사항은 당기순손익과 배당이다. 당기순이익은 이익잉여금의 증가요인이고, 당기순손실과 배당은 감소요인이다. (　　)

10. 상법에서는 기본 재무제표에는 속하지 않지만 이익잉여금 처분계산서 또는 결손금 처리계산서를 특별히 요구하고 있기 때문에, 자본변동표의 (　　) 사항으로 작성하여 공시한다.

[정답]
1. X　2. 현금　3. 영업　4. ○　5. ①　6. 프리 현금흐름(FCF)　7. 자본　8. ③　9. ○　10. 주석

제6장
재무제표 간의 연계성과
오해하기 쉬운 계정과목

 제1절 재무제표의 연계성

1. 재무4표 간의 연계성

지금까지 재무상태표, 포괄손익계산서, 현금흐름표 및 자본변동표를 순서대로 설명했기 때문에 마치 4가지가 제각각 존재하는 것으로 생각할지 모른다. 이 재무4표는 서로 밀접하게 연결되어 있어서 어떤 표의 숫자 움직임이 결산서 전체에 영향을 주게 된다. 그렇기 때문에 재무분석에는 연계성을 이해하는 것이 중요하다.

1) 시간 상으로 보는 재무4표의 관계

재무상태표는 [회사의 결산일(기말) 시점의 재무상태]를 나타낸 것이다. 예를 들어 12월 31일을 결산일로 하고 있는 회사라면, 12월 31일 시점에 회사가 가지고 있는 자산이나 부채 등의 잔액을 열거한다. 포괄손익계산서는 회계기간의 경영실적을 나타낸 것으로서, 1월 1일부터 12월 31일까지 어느 정도의 비용을 들여 얼마만큼의 상품을 판매하고 결과적으로 얼마나 벌어 들였는지 등을 보여주고 있다.

한편 현금흐름표(C/F)는 회계기간의 현금 입출금을 나타낸 것이다. 예를 들어, 1년 사이에 돈이 얼마나 늘었는지, 아니면 줄었는지를 3가지

활동(영업, 투자 및 재무)으로 나누어 나타내고 있다.

이를 전제로 간단한 수치를 사용하여 재무상태표와 포괄손익계산서의 연결고리를 알아 보자.

2) 재무상태표와 포괄손익계산서의 관계

다음의 〈그림 6-1〉을 보면 기초 시점에서 재무상태표에 계상되어 있는 자본이 300억 원이다. 그리고 기말 시점에는 305억 원으로 되어 있으므로 1년 새에 5억 원이 늘어난 것이다. 그러나 재무상태표만 보면 그 증가요인을 알 수 없다.

〈그림 6-1〉 재무상태표와 포괄손익계산서의 관계

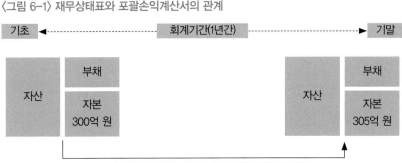

이제 포괄손익계산서를 보자. 만약 포괄손익계산서를 보았을 때 1년 간의 매출에서 여러가지의 비용을 공제하고 최종적으로 당기순이익이 5억 원이었다면 그만큼 자본(이익잉여금)이 증가하였다고 볼 수 있다. 즉, 포괄손익계산서를 보면 기초의 현금 예금과 기말의 순자산 증감 요인을 알 수 있다.

3) 재무상태표와 현금흐름표의 관계

재무상태표와 포괄손익계산서의 연결을 이해하였다면, 이번에는 재무상태표와 현금흐름표를 보자. 12월 결산 회사라면 재무상태표는 12월 31일 시점의 재무상태를 나타내며, 현금흐름표는 1월 1일부터 12월 31일까지의 현금흐름을 나타낸 것이다. 이것을 〈그림 6-2〉에서 살펴보자.

기초 시점에서 재무상태표에 계상되어 있는 현금과 예금이 400억 원이다. 그리고 1년 후의 기말 시점에는 425억 원으로 되었다. 즉, 1년 사이에 현금과 예금이 25억 원 증가하였다. 재무상태표를 보아도 본업으로 벌어들인 섯인지, 단순히 자입을 늘린 것인지 그 실태를 알 수는 없다. 하지만 현금흐름표를 보면 그 요인을 알 수 있다.

〈그림 6-2〉 재무상태표와 현금흐름표 관계

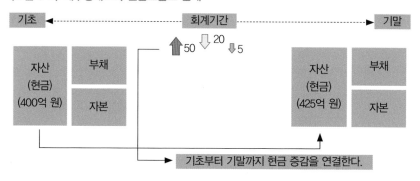

〈그림 6-2〉 가운데에서 제시한 현금흐름표(화살표로 요약한 그림)를 보면, 영업활동으로 50억 원 늘리고, 투자활동으로 20억 원을 쓰고 재무활동으로 5억 원을 사용한 결과 최종적으로 25억 원이 순증가하였다는 것을 보여준다. 즉, 현금흐름표는 [기초의 예금과 기말의 예금의 증감 요인]을 나타낸 것이라고 할 수 있다.

〈그림 6-3〉 재무4표 간의 연계성

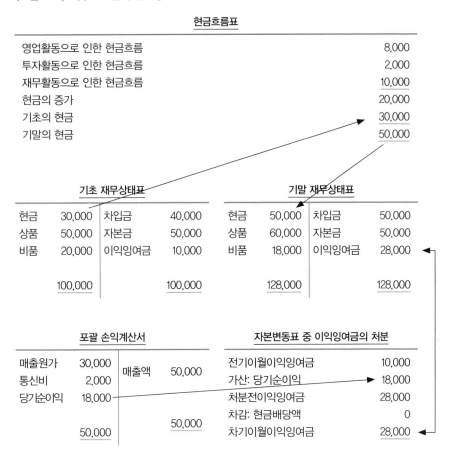

위 그림에서 보면 이익잉여금은 10,000원에서 28,000원으로 변동되어 18,000원이 증가하였는데, 그 원인은 이익잉여금 처분에서 당기순이익 18,000원과 배당액 0으로 설명된다. 당기순이익 18,000원에 대한 원인은 포괄손익계산서상 수익과 비용항목의 차이로 설명되고 있다.

2. 현금과 이익의 차이

1) 이익이 나는데 흑자도산이 될 수도 있는 경우

포괄손익계산서에서는 흑자라도 현금흐름표에서는 적자가 되는 일이 있다. 최악의 경우, 포괄손익계산서가 흑자인 상태로 현금이 바닥나서 [흑자 도산]이라는 사태도 일어날 수 있다.

왜 이익이 나는데도 불구하고 현금이 모자랄까? 그것은 현금흐름표가 현금의 움직임에 주목한 계산서인데 비하여, 포괄손익계산서는 상품과 서비스의 움직임에 주목한 계산서이기 때문이다. 이 차이가 현금과 이익의 차이를 발생시키는 요인이 된다.

〈그림 6-4〉 각 계산서에 계상되는 시기

구분	포괄손익계산서	현금흐름표
기준	발생주의	현금주의
예시	물품·서비스 제공 시점	돈이 움직이는 시점

2) 대손으로 인한 흑자도산 가능성

상품 구입의 경우 [① 구입처로부터 상품을 받음. ⇒ ② 고객에게 상품을 인도함. ⇒ ③ 구입대금을 지급함. ⇒ ④ 판매대금 회수]라는 순서가 보통이다.

위의 사례에서 ④가 영원히 생기지 않는 경우도 있다. 이는 이른바 '대손'이라고 부르는 것인데, 고객의 경영상태가 악화되어 아무리 시간이 지나도 대금을 회수할 수 없는 경우이다.

〈그림 6-5〉 대손이 일어난 사례

④ 판매 대금 회수 ⇒ 이뤄지지 않음.			
[포괄손익계산서]		[현금흐름표]	
매출액 매출원가 매출총이익	120만 원 80만 원 40만 원	영업C/F	(−)80만 원

　이와 같이, 손익계산서로 보면 이익은 오르고 있지만 돈은 자꾸 줄어들다가 급기야는 파산이 나고야 마는 것을 흑자도산(黑字倒産)이라 한다. 또한 다른 요인으로 흑자도산이 생길 수도 있다. 상품을 많이 구입했는데도 조금 밖에 팔리지 않는 경우이다. 팔리지 않기 때문에 당연히 판매대금을 회수할 수가 없고, 다른 한편으로 구매처에게 상품 대금을 지불해야만 하는 것이다.

　앞에서 설명한 바와 같이, 매출원가에 대응하는 매출이 인식되지 않는 한, 비용으로 볼 수 없으므로 이익은 "0"이다. 이에 대하여 현금흐름표에서는 구입처에 대한 대금 지불로 인하여 영업 C/F는 (−)가 된다. 이러한 상태가 오래 계속되면 앞에서와 마찬가지로 돈이 점점 줄어들어, 결국에는 파산이 날 우려가 있다.

제2절 ▷ 오해하기 쉬운 계정과목

병원 원무과에 가서 진료비 정산을 하다보면 급여 비급여란 말을 자주 듣는데, 알고 보면 급여는 보험이고, 비급여는 비보험이란 뜻이다. 급여가 월급이 아니고 보험이라면, 당장이라도 급여라는 용어 대신 보험이라고 사용하면 될 것을, 무슨 이유인지 고쳐지지 않고 있다.

회계학에도 이와 유사한 경우가 더러 있다. 대변(貸邊)과 차변(借邊)도 한자의 뜻과는 아무 상관이 없이 대변은 오른쪽(우변)을, 차변은 왼쪽(좌변)을 뜻하는 것 이상 아무런 의미가 없다. 또한 대손충당금이라고 하면 누구든 '대손에 대비한 자금' 으로 이해하는 것이 정상일 것이나 회계학에서는 돈이 아니라 '대손 예상액'을 의미할 뿐이다.

1. 대손충당금

회사는 이익이 발생했어도 흑자도산(黑字倒産)이 될 수 있다.

1) 사례 예시

도곡(주)의 202X년도 대표이사는 갑(甲)이었다. 그러나 202Y년도에는 을(乙)로 교체되었다. 대표이사는 경영실적에 따라 스톡옵션 등 인센티브의 혜택이 주어진다고 하자.

202Y년도 매출실적에 포함된 기말 외상매출금 잔액 2,000원 중에는 대손이 발생할 것으로 예측되는 금액이 500원 포함되어 있다. 202Y년도에 발생한 대손 3,000원은 202X년의 매출실적에 계상된 외상매출금 이월액 4,000원에서 전액 발생한 것이라고 가정한다.

〈그림 6-6〉 외상매출과 현금 회수 상황

구분	202X년도	202Y년도
1. 외상매출액	10,000	10,000
2. 대손 확정액	–	(3,000)
3. 현금 회수액	(6,000)	(9,000)
4. 기말 외상매출금	4,000	2,000

1) 202Y년도 기말 외상매출금 계산

전기 외상매출금 4,000 + 당기 외상매출액 10,000 – 대손확정액 3,000 – 현금 회수액 9,000 = 기말 잔액 2,000

〈그림 6-7〉 현금주의에 의한 손익

구분	202X년도	202Y년도
1) 매출액	10,000	10,000
2) 대손	(–)	(3,000)
3) 이익	10,000	7,000

여기에서 을(乙)은 " 현금주의에 의한 기준 손익" 결과를 받아들이겠는가? 갑과 을의 매출실적은 동일하지만 질(質)에 있어서 차이가 난다. 갑은 비록 10,000원의 매출실적을 올렸지만, 다음 해에 3,000원이나 대손이 발생하였기 때문이다.

위와 같은 방식은 대손이 202X년도 "현금주의식 손익" 실적 계산에는 반영되지 않고, 202Y년도에 반영되다 보니 202X년 실적이 왜곡된다. 따라서 실적 계산을 하면서 대손 예상액을 추정하여 매출이 계상된 연도에 반영해야만 합리적인(발생주의) 손익이 계산될 수 있다.

<그림 6-8> 발생주의 손익계산

구분	202X년도	202Y년도
1) 매출액	10,000	10,000
2) 대손 예상액	(3,000)	(500)
3) 이익	7,000	9,500

2) 대손 예상액의 추정

거래처가 파산되거나 채무자가 행방불명되는 등 여러가지 이유에 의해 외상채권을 회수할 수 없는 경우도 있다. 이때 예상되는 대손예상액 또는 대손추정액을 발생주의에 따라 비용으로 계상하는 것을 대손상각(bad debt expenses)이라 한다. 따라서 회계상의 대손상각은 비용으로 계상하기 위하여 예상되는 대손이 얼마인지를 추정하는 것일 뿐 법률상의 대손 확정과는 다르다.

대손예상액을 추정하는 방법은 개별법분석법, 연령분석법 등 여러가지가 있으나, 어떤 방법을 선택하든, 한번 선택하면 계속 매년 동일한 방법을 적용하여야 한다는 점에 유의한다.

[예시] (주)송도의 결산일 현재 외상매출금 잔액은 ₩1,600,000이고, 경과 기일별 외상매출금 잔액과 경과 기일별 대손 예상률은 아래과 같다고 할 때, 각각에 대한 대손상각액을 계산해 보자.

<그림 6-9> 대손 예상액 산출

경과 기간	외상매출금 잔액	대손예상률	대손예상액
0 ~ 30일	1,000,000	1%	10,000
31 ~ 60일	500,000	2%	10,000
61 ~ 120일	100,000	10%	10,000
계	1,600,000		30,000

3) 대손충당금의 표시

'대손상각' 또는 '대손상각비'는 대손이 예상되는 비용이라는 뜻이고, '대손충당금'은 대손으로 계상한 금액의 누계액, 즉 대손예상액이라는 뜻이다. 202Y년 외상매출금과 대손충당금의 관계를 재무상태표에 표시할 때는 대손충당금을 외상 매출금에서 차감표시한다. 예를 들어 실제 외상매출금은 2,000원이며 이중 500원은 대손이 발생해 떼일 것으로 추정하는 경우라면 다음과 같이 표시한다.

| 외상매출금 | 2,000 | |
| 대손충당금 | <u>(500)</u> | 1,500 |

이는 "외상매출금은 2,000원이나, 대손예상액이 500원이므로 이를 차감한 후 현금으로 회수할 것으로 예상되는 금액은 1,500원입니다."라는 뜻이다.

당연히 대손충당금 500원은 대손을 위하여 돈으로 충당하거나 적립한 것이 아님에 유의해야 한다.

4) 대손상각의 확정

이미 설정한 대손충당금 범위 내에서 회수하지 못할 것으로 법률상이나 계약상으로 확정된 경우에는 비용으로 처리하는 것이 아니고, 이미 설정한 대손충당금을 줄이고 외상매출금을 감소시킨다.

[대우건설, 4,000억 원의 대손충당금 과소계상]

▲ 금융감독원은 다음 달 감리위원회를 열고 대우건설 분식회계 안건을 심의할 예정으로 대우건설과 감사인인 삼일회계법인에 이날 참석하도록 사전 통보했다. 이는 지난 2013년 12월 대우건설이 국내외 40여개 사업장에서 총 1조 5,000억 원에 달하는 손실을 은폐했다는 내부자 제보를 받고 공개 회계감리를 착수한지 1년 6개월 만이다.
최종 징계 수위는 감리위 심의를 거쳐 증권선물위원회에서 확정된다.

중징계가 확정되면 대표이사 해임권고 및 검찰고발, 최대 20억 원의 과징금, 3년간 감사인 지정 등의 조치가 내려진다. 외부감사인인 삼일회계법인도 이 같은 건설업계의 관행을 방치한 책임을 회피할 수 없을 것으로 보인다.

금감원은 회계감리 결과 대우건설이 대손충당금을 4,000억 원 정도 과소계상한 것으로 보고 있다. 이는 당초 알려진 과소계상 규모 1조 5,000억 원보다 대폭 줄어든 수치다. 건설업계와 회계업계는 대우건설의 회계감리 결과에 촉각을 곤두세우며, 대우건설을 중징계할 경우 잘못된 선례를 남길 수 있는 점을 우려하고 있다. 건설업계 특성상 미래 이익이나 손실을 정확하게 예측하기 어려운데다 사업장별 예정 원가에 대한 회계기준이 명확하지 않기 때문이다.

특히 대우건설의 경우 내부적으로 위험관리를 위해 별도로 만든 보고자료에 대해 금융당국이 문제를 삼고 있는데 40여개 사업장 중 일부 사업장만 과소계상으로 판단한 것도 건설업계에 혼란을 주고 있다. 건설업계에서는 국제회계기준(IFRS) 도입 이전 손실이 예상되는 시점에 대손충당금을 쌓지 않다가 실제 손실이 발생할 경우 한꺼번에 회계처리를 하는 관행이 있었다.

– 증권일보 기사(2015. 8.) 일부 수정

2. 감가상각

1) 감가상각이 왜 필요할까?

감가상각은 건물이나 자동차 등의 유형자산을 보유하고 있는 경우에 생기는 개념이다.

만약 업무용으로 자동차를 1,200만 원에 구입했다고 가정해 보자. 언뜻 보아서 구입한 연도의 포괄손익계산서에 1,200만 원이 비용으로 계상된다고 생각하기 쉽다.

하지만 이것은 전형적인 오류이다. 왜 그럴까?

유형자산은 보통 장기에 걸쳐서 계속 사용하기 때문에 매년 구입할 수 있는 것이 아니다. 게다가 금액은 고액이 되는 것이 통상적이다. 만약 구입 시에 구입액 전부를 비용으로 회계처리를 해버리면, 우연히 금년에 대형 설비투자를 함으로 인하여 비용이 많이 계상됨으로써 적자가 날 수 있다.

〈그림 6-10〉 감가상각의 개념이 없다면

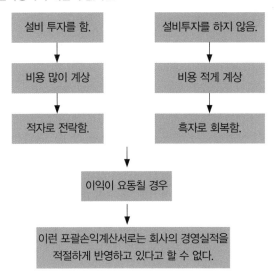

그래서 이런 사태가 나는 것을 피하기 위하여 구입시점의 지출액을 그 사용기간에 걸쳐서 배분하는 회계처리가 이뤄지는 것이다.

예를 들어 1,200만 원의 유형자산을 6년간 쓴다면. 6년에 걸쳐 200만 원 (= 1,200 / 6년) 만큼씩 비용으로서 포괄손익계산서에 계상한다. 이렇게 계상된 비용 명칭을 '감가상각비'라고 한다.

〈그림 6-11〉 지출과 감가상각비의 관계

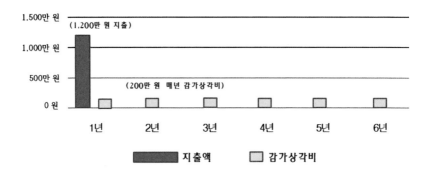

※ 감가상각비는 지출한 금액을 사용 기간에 걸쳐서 배분하는 것이다.

2) 취득원가, 장부가액 및 시가의 개념

유형자산을 취득했을 때 재무상태표에는 그 취득가액이 계상된다.

예를 들어 자동차를 1,200만 원으로 구입하였다면 [차량운반구 1,200만 원]이라고 계상된다. 1,200만 원의 취득원가 중 매년 비용으로 배부한 감가상각비를 차감하면 나머지 미배분액이 남는데, 이를 장부가액이라고 한다. 즉, 1년 후에는 1,000만 원, 2년 후에는 800만 원이 장부가액이 되는 것이다. 주의해야할 점은 장부가액이 곧 시가가 되는 것은 아니다. 이는 감가상각비(減價償却費)란 용어에서 가치를 뜻하는 가(價)가 포함되어 있어 생기는 오해이다.

감가상각비는 가치를 평가하여 비용으로 반영하는 것이 아니라 정액법이든 정률법이든 일정한 배부율에 따라 배부하는 것이므로 가치와는 연결되지 않는다. 실제로 자동차의 경우 신차를 1년 정도 사용하면 거래되는 중고가액은 배부액보다 훨씬 낮은 가액으로 거래되고, 반대로 잘 유지 관리하는 건물의 경우 감가상각을 다 배부하고도 취득가액보다 더 고가인 경우가 허다하다. 특히 감가상각비는 자금 지출이 없는 비용이다.

3) 토지를 제외한 유형자산은 반드시 비용이 된다.

이상으로부터 분명한 것은 [재무상태표에 유형자산으로 올라 있는 금액은 조만간 장래에 반드시 비용이 된다]는 것이다. 다만, 토지는 예외로, 감가상각이 불필요한 자산이다. 토지는 다른 유형자산과는 달리 계속 쓴다고 해서 그 가치가 줄어들지 않는다고 생각하기 때문이다.

유형자산은 장차 감가상각비로 모습을 바꾸어 포괄손익계산서에 비용(매출원가 또는 판매비 및 일반관리비)으로 계상된다. 비용이 늘어나면 당연히 이익을 끌어 내리는 요인이 된다. 이익이 줄어들면 장래에 재무상태표에 기록될 이익잉여금이 줄어들기 때문에 순자산에 부정적인 (−) 영향을 미치게 된다.

다시 말해서 유형자산을 구입할 때에는 장래에 발생할 감가상각비 금액 이상으로 이익의 증가를 예상할 수 있는지를 판단해야 한다. 왜냐하면 만일 유형자산 이용에 의한 매출 증가나 비용 감축의 효과가 "0"이었다면 감가상각비만큼 확실히 이익이 감소하기 때문이다. '오래 쓸 거니까 비싸도 괜찮을 거야.'와 같은 생각으로 주먹구구식으로 유형자산을 구입해서는 안 된다는 것이다. 즉, 유형자산 구입 시에는 그것을 사는 것으로 이익이 되는 지를 살펴볼 필요가 있다.

〈그림 6-12〉 유형자산은 장차 비용이 된다.

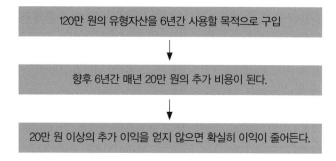

120만 원의 유형자산을 6년간 사용할 목적으로 구입

↓

향후 6년간 매년 20만 원의 추가 비용이 된다.

↓

20만 원 이상의 추가 이익을 얻지 않으면 확실히 이익이 줄어든다.

4) 감가상각의 유의점

가) 유형자산을 몇 년 농안 사용할지 아무도 모른다는 점이다.

대부분의 경우, 세법으로 정해진 이용연수(법정 내용연수라고 함)를 사용하여 감가상각 계산을 하고 있다. 예를 들어, 자동차라면 6년, 컴퓨터라면 5년이라는 식으로 일률적으로 정해진 연수를 사용하여 비용 배분한다. 하지만 몇 년을 계속 사용하게 될지는 사용 상황이나 회사의 의사에 따라 다를 수 있고, 당초 6년으로 생각하고 있다가도 6년이 안되어 중간에 다른 자산으로 바꿀 수도 있는 것이다. 따라서 감가상각의 계산은 자의성이 개입할 수 있다는 것을 인식해 둘 필요가 있다.

나) 유형자산 가치의 감소액을 제대로 측정하는 것은 아니다.

앞에서 언급한 1,200만 원짜리 자동차의 예는 매년 일정액씩 가치가 감소하는 법(정액법)이지만 사용기간 전반에 가치가 크게 감소한 후 후반에 완만하게 가치가 줄어드는 방법(정율법)도 인정되고 있다.

감가상각이란 '매년 일정 금액씩 가치가 감소한다.'라는 가정을 하고 계산하는 것에 지나지 않는다. 이처럼 감가상각은 다양한 가정에 기초하여 계산되기 때문에 불완전한 것이다. 단지 구입시에 전액 비용으로 처리하는 것보다는 훨씬 합리적이기 때문에 제도로 인정되는 것이다.

3. 충당금과 충당부채

충당금에는 상여충당금, 수선충당금등 여러 종류의 충당금이 존재하는데, 발생원인만 다를 뿐 그 사고방식은 퇴직급여 충당부채와 같다. 충당금 또는 충당부채는 부채이기 때문에 장래 나갈 돈이라는 부정적인 이미지가 있다.

1) 충당금 또는 충당부채란?

기업은 종업원으로부터 노동의 제공을 받으며 그 대가로 퇴직금 발생원인이 생기게 된다. 이것이 매년 조금씩 쌓여서 종업원이 퇴직하게 되면 많은 퇴직금을 지불하게 된다. 이러한 퇴직금의 지급을 퇴직한 연도에만 비용으로 처리하는 것은 합리적이지 않다. 왜냐하면 재직기간 동안 회사를 위해 일한 데 대한 대가이기 때문에 재직기간 중 매년 조금씩 당기 분을 비용으로 계상하는 것이 합리적이기 때문이다.

이와 같이 향후 지출이나 손실이 발생할 것으로 예상되고 그 발생 원인이 당기에 있을 경우 당기 부담에 상당하는 금액만을 미리 비용으로 계상한다. 그리고 비용 계상함과 동시에 그 금액이 재무상태표에 부채로서 올라가는데, 이것이 충당금 또는 충당금부채이다. 이것은 종업원을 비롯한 이해관계자에 대해서 "장래의 지출에 대비해서 이만큼 앞당겨서 비용으로 계상하고 있습니다."는 메시지이기도 하다. 충당금 또는 충당부채도 감가상각과 마찬가지로 절대적이고 확정적인 금액이 아니다. 그 이유는 충당금도 감가상각과 같이 추정에 근거하여(실제 거래가 있는 것이 아닌) 가상으로 계산한 것이기 때문이다.

충당금의 금액은 미래의 현상에 의존하고 있으므로 타임머신을 타고 미래에 가지 않는 한, 정확한 숫자는 알 수 없어서 과거 실적을 기초로 발생 확률 등을 종합적으로 고려해서 타당하다고 생각되는 금액으로 충당금을 계산하는 것이다. 그러나 미래의 지출시 전액을 비용으로 처리하는 것보다는 훨씬 합리적인 것이기 때문에, 감가상각과 마찬가지로 제도로 사용하고 있다.

2) 퇴직연금충당금

퇴직연금은 기업이 퇴직급여 재원을 외부의 금융회사 등에 적립하여 근로자의 퇴직급여의 수급권을 보장하기 위한 제도로서 확정급여형과 확정기여형으로 나누어진다.

가) 확정급여형 퇴직연금

확정급여형(DB형: Defined Benefit) 퇴직연금이란 회사가 외부 금융회사에 퇴직연금을 적립하고 적립금을 운용하는 제도이다. 회사가 퇴직연금의 운용에 대한 책임을 지므로 퇴직연금에서 발생하는 손익은 회사에 귀속되며, 근로자는 운용 실적에 관계없이 퇴직급여 지급규정에 의한 퇴직급여를 지급받는다.

나) 확정기여형 퇴직연금

확정기여형(DC형: Defined Contribution) 퇴직연금이란, 회사가 퇴직급여 전액을 근로자의 개인별 계좌에 적립하면 퇴직급여에 대한 책임이 종결되는 퇴직연금이다. 근로자가 퇴직연금 운용에 대한 책임을 지므로 퇴직연금에서 발생하는 손익은 근로자에게 귀속된다.

4. 우발부채

우발부채(偶發負債, Contingent Liabilities)는 소송 등 불확실성이 존재하는 잠재적인 부채를 말한다. 우발부채는 자원의 유출가능성이 높고, 유출될 금액을 신뢰성 있게 추정할 수 있으면 재무제표 본문에 부채로 보고하며, 그렇지 못한 경우는 주석사항으로 공시하여야 한다.

예를 들어 (주)푸른솔의 202X년 재판에 계류중인 소송사건은 다음과 같다고 하자.

(1) (주)푸른솔이 금년에 개발하여 생산·판매한 제품 중에서 일부 결함이 발견되어 고객으로부터 집단소송이 제기되었다. 재판에서 이길 가능성은 거의 없으며 판매된 제품을 회수하여 폐기처분하는데 ₩1,000,000,000의 손실이 발생하리라 예상된다.

(2) (주)푸른솔은 자사의 특허권이 침해되어 소송을 제기하였다. 재판에서 이길 가능성이 약 99%이며, 승소시 보상액은 ₩100,000,000이 되리라 예상된다.

〈풀이〉

(1)의 경우 손실의 발생가능성이 거의 확실하며 그 손실금액도 추정 가능하므로 이를 재무제표에 반영하여야 하며,

(2)의 경우, 이는 우발자산(또는 우발이득)으로 재무제표에 계상할 수는 없으나, 주석으로 기재할 수는 있다.

 **분식회계의 동기와 유형**

1. 분식회계의 개념

분식회계(粉飾會計)는 분식결산(粉飾決算)이라고도 한다. 분식회계는 기업의 자산이나 이익을 실제와는 달리 고의적으로 부풀려 표시하는 것을 말한다. 이와는 반대로, 세금 부담이나 근로자에 대한 임금 인상을 피하기 위하여 실제보다 이익을 적게 계상하는 경우를 역분식회계(逆粉飾會計)라고 한다.

분식회계는 원칙적으로 현금과는 관계가 없다. 만약 재무제표에 있어야 할 현금이 없는 경우에는 회계의 분식을 뛰어넘어 형법상 횡령문제가 대두된다. 다음 회계연도에 회수한 외상매출금 회수액을 소급하여 전년도 재무상태표에 현금으로 계상할 수도 있으나, 이는 극히 예외적인 사항이다.

기업이 분식회계의 유혹을 받는 동기는 다양하다.

가) 경영자의 직위와 보상

경영자는 실적이 좋지 않으면 자신의 직위를 유지하기 어렵다. 또한 보상도 대부분 실적과 연계되어 있으므로, 실적이 좋게 보이도록 하려는 유혹을 받는다.

나) 자금조달의 동기

실적이 좋지 않은 기업에 대해 금융기관이 대출을 거부하거나 대출조건을 불리하게 운영할 때 이를 모면하기 위해서 분식회계의 유혹을 받는다. 또한 주식을 상장하거나 추가로 주식을 증자하고자 할 때 발행가격을 높이고 싶으면 분식회계의 유혹을 받기도 한다.

다) 특정 조건에 유리하게 이용

증권시장으로의 진입조건이나 퇴출조건이 회계수치와 연계되거나, 정부 공사발주나 기타 지원조건이 회계수치와 관계되는 경우 회계 분식의 유혹을 받는다.

2. 분식회계의 유형

1) 자산 및 수익의 과대계상

① 매출채권의 과대계상

자산 및 수익의 과대계상 방법으로 널리 사용되는 것이 매출채권의 과대계상이다. 이는 그 금액만큼 바로 이익의 증가로 이어지게 마련이다.

② 재고자산의 과대계상

재고자산의 과대계상을 위해서 선입선출법을 이용한다든지, 실제로 없는 재고자산을 있는 것처럼 계상하는 경우도 있다. 마찬가지로 실제로 매출하지 않았음에도 불구하고 매출한 것처럼 계상하는 경우라든지, 다음 회계연도에 판매된 금액을 당기에 판매된 것으로 기록하는 경우도 있다.

2) 비용의 누락 혹은 과소계상

회계 추정이나 대체적 회계처리 방법을 악용하여 감가상각비나 대손상각비 등의 비용을 과소계상하여 이익을 증대시키는 경우가 있다. 또한 특정시점의 광고비를 대폭 삭감한다든지, 연구개발비를 축소하여 이익을 증가시킬 수도 있다.

3) 부채의 누락 혹은 과소계상

부채의 과소계상은 많은 경우 비용의 과소계상을 동반한다. 예를 들면, 패소 가능성이 높은 소송 등의 우발채무(偶發債務)를 장부에 기록하지 않는 방법으로 이익을 높인다. 이익에는 영향을 미치지 않으나 재무 상태를 좋게 보이기 위해 부외부채(簿外負債, 장부에 계상되지 않은 부채)를 기록하지 않는 경우도 있는데, 대표적인 경우는 리스를 운용리스로 기록하여 관련 부채와 자산을 장부에 기록하지 않는 것이다.

　4) 기타의 이익 조정

　유형자산 평가방법의 변경, 금융자산 분류와 평가방법의 변경 등도 이익이 크게 영향을 받게 된다. 또한 특수관계자와의 거래를 통해서도 재무상태와 경영성과를 조정할 수 있는데, 이는 이전가격(移轉價格: Transfer Price)의 조정, 가공판매 등을 통해서 이루어진다.

3. 분식회계 사례

　1) 에너지그룹 엔론(Enron) 사건

　미국 경제전문지 포브스는 1990년대 이후 미국 내 금융사기 사건 10건을 선정했는데, 최대의 사기극으로 에너지 그룹 엔론 사건을 들었다.

　엔론은 실제 소유 시설도 없고 에너지 거래도 전무했지만, 종이 위의 숫자로 막대한 양의 선물거래를 했다. 2001년 말에 엔론이 파산하자, 엔론의 회장이었던 케네스 레이 회장과 최고경영자였던 제프리 스킬링은 연방법원에서 사기와 내부자 거래 등으로 각각 24년 4개월, 24년형을 선고 받았다. 당시 엔론의 외부 감사를 맡고 있던 미국의 5대 빅펌(회계법인) 중 하나였던 아서 앤더슨(Arthur Anderson) 역시 이 사건으로 인해 영업 정지를 당하고 파산하게 되었다.

　이에 따라 2002년 미국은 미국 내의 외국계 상장사에서 회계 문제가 발생할 때, 미국 증권거래위원회가 회계 장부의 정확성을 보증한 기업 경영진을 처벌할 수 있는 사베인즈-옥슬리(Sarbanes-Oxley)법이 제정되었다.

2) 리만 브라더스 사태

세계 4위의 투자은행(IB)으로 꼽혀온 리먼 브라더스(Lehman Brothers)사가 2008년 9월 15일 뉴욕 남부법원에 파산보호를 신청하면서 글로벌 금융위기의 시발점이 된 사건이다. 당시 부채 규모는 6,130억 달러(약 660조 원)로, 서브프라임 모기지(mortgage) 부실과 파생상품 손실에서 비롯되었다. 이는 역사상 최대 규모의 파산으로 기록되면서 전 세계 금융시장을 공포로 몰아넣었다. 이날 하루 동안에만 미국과 유럽은 물론 아시아 증시까지 2~4% 일제히 폭락했다.

3) 아시아나항공사 회계 분식

삼일회계법인은 2018회계연도에 대한 외부 회계감사에서 감사범위가 제한받고 아시아나항공사가 계속적으로 존속할 수 있을지 불확실하다는 사유로 2019년 3월 22일 〈한정의견〉으로 감사보고서를 제출하였다. 이로써 한국거래소에서는 상장 채권을 폐지하고 주가지수에서도 제외했다.

이렇게 되자 아시아나항공은 재무제표를 전면 재작성하여 삼일회계법인으로부터 감사의견을 다시 받아 〈적정의견〉이 되었다. 그러나 이 과정에서 당기순손실이 1,050억 원에서 1,958억 원으로 불어났다. 부채비율도 649%로 폭증했다.

STORY가 있는 회계

1. 연구개발비의 회계 처리

1) 연구비 회계 처리

가) 연구(research)는 새로운 과학적·기술적 지식이나 이해를 얻기 위해 수행하는 독창적이고 계획적인 탐구활동을 말한다. 프로젝트의 연구단계에서는 미래 경제적 효익을 창출할 무형자산이 존재한다는 것을 입증할 수 없기 때문에 연구단계에서 발생한 지출은 무형자산으로 인식할 수 없고 발생한 기간의 비용으로 인식한다.

나) 연구활동의 예

① 새로운 지식을 얻고자 하는 활동

② 연구결과나 기타 지식을 탐색, 평가, 최종 선택, 응용하는 활동

③ 재료, 장치, 제품, 공정, 시스템 등에 대한 대체안을 탐색하는 활동

④ 새롭거나 개선된 재료, 장치, 제품, 공정, 시스템 등에 대한 여러가지 대체안을 제안, 설계, 평가 및 최종 선택하는 활동

2) 개발비 회계 처리

가) 개발(development)은 상업적인 생산이나 사용 전에 연구결과나 관련 지식을 새롭거나 현저히 개량된 재료, 장치, 공정, 시스템이나 용역의 생산을 위한 계획이나 설계에 적용하는 활동을 말한다.

나) 개발활동의 예

① 생산이나 사용 전의 시제품과 모형을 설계, 제작, 시험하는 활동

② 새로운 기술과 관련된 공구, 기구, 주형, 금형을 설계하는 활동

③ 상업적 생산목적으로 실현가능한 경제적 규모가 아닌 시험공장을 설계, 건설, 가동하는 활동

④ 신규 또는 개선된 재료, 장치, 제품, 공정, 시스템이나 용역에 대하여 최종적으로 선정된 안을 설계, 제작, 시험하는 활동

다) 개발비의 회계처리 요건

개발단계에서 발생한 지출은 다음의 조건을 모두 충족하는 경우에만 무형자산으로 인식하고, 그 외의 경우에는 경상개발비의 과목으로 하여 발생한 기간의 비용으로 인식한다.

① 무형자산을 사용하거나 판매하기 위해 그 자산을 완성할 수 있는 기술적 실현 가능성

② 무형자산을 완성하여 사용하거나 판매하려는 기업의 의도

③ 무형자산을 사용하거나 판매할 수 있는 기업의 능력

④ 무형자산이 미래 경제적 효익을 창출하는 방법. 그중에서도 특히 무형자산의 산출물이나 무형자산 자체를 거래하는 시장이 존재함을 제시할 수 있거나 또는 무형자산을 내부적으로 사용할 것이라면 그 유용성을 제시할 수 있다.

⑤ 무형자산의 개발을 완료하고 그것을 판매하거나 사용하는 데 필요한 기술적·재정적 자원 등의 입수가능성

⑥ 개발과정에서 발생한 무형자산 관련 지출을 신뢰성 있게 측정할 수 있는 능력

개발단계는 연구단계보다 훨씬 더 진전되어 있는 상태이기 때문에 프로젝트의 개발단계에서는 무형자산을 식별할 수 있으며, 그 무형자산이 미래 경제적 효익을 창출할 것임을 입증할 수 있다. ♣

2. 세무조정(기업회계와 세무회계의 차이)

1) 회사에 관한 세금 문제

회사에는 다양한 세금이 관련되어 있는데 그 대부분은 이익에 근거하여 산출된다. 그래서 이익에 세율을 곱한 것이므로 적자가 되면 세금은 "0"이라는 오해를 하시는 사람들이 많은 것 같다. 하지만 적자가 나도 세금이 부과되는 경우가 있다.

포괄손익계산서에는 법인세비용 항목이 있으며 이것을 차감하고 당기순이익이 산출된다. 법인세비용은 회사가 벌어들인 이익에 대해서 부과되는 세금으로서 법인세와 주민세로 구성된다. 그러나 '법인세비용 차감전 당기순이익'에 단순히 세율을 곱하여 법인세 비용이 계산되는 것은 아니다. 그 이유에 대해서는 이익과 소득의 차이를 이해할 필요가 있다.

2) 비슷하지만 다른 회계와 세무

[이익]이란 회계상의 개념으로서 수익에서 비용을 뺀 것이다. 이에 대해서 세무상의 [소득]이란 세무상의 개념으로 익금에서 손금을 차감한 것이다.

세무상 [익금]은 [수익], [손금]은 [비용]에 각각 해당하는 것으로서 회계와 세무에서 각각의 숫자는 비슷하지만 다르게 된다. 그리고 법인세는 소득에 세율을 곱해서 산출되는 것이다. 이익에 대해서 부과하는 것이 아니니까 포괄손익계산서에서는 적자이어도 세금이 발생할 수 있는 것이다.

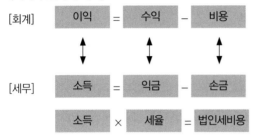

〈이익과 소득의 차이〉

[회계] 이익 = 수익 − 비용

[세무] 소득 = 익금 − 손금

소득 × 세율 = 법인세비용

※ 법인세비용은 포괄손익계산서에 계상된다

3) 회계와 세무의 목적 차이

회계는 회사의 실태를 가능한한 정확하게 수치로 반영하여 이해관계자에게 올바른 정보를 보고하는 것이 목적이다. 이에 대해서 세무는 과세의 공평을 위한 것이므로 부당하게 세금을 줄이는 행위는 인정되지 않고 있다.

업무상의 접대비를 예로 들어 보자. 납세액을 줄이기 위해 호화로운 식사 등으로 접대비를 쓰면 이익은 그만큼 줄어들게 된다. 단순히 이익에 세율을 곱한 금액이 납세액이 된다면, 경영자로서는 맛있는 것을 먹으며 세금도 줄일 수 있기 때문에 접대비를 돌려가며 쓰고 싶어 할 것이다. 그러나 그러한 행위가 확산되면 납세자간에 불공평이 발생할 수 있고 국가의 재원이 되는 세수(稅收)가 줄어들게 된다.

그래서 접대비에 대해서는 대기업인 경우 전액이 손금으로 인정되지 않으며, 중소기업에서도 연간 일정 금액만 손금으로 인정한다는 세법 규정이 있다. 그렇다고는 해도 실제의 세금계산에서는 익금과 손금을 일부러 집계해서 고치지 않는다. 수익과 익금, 비용과 손금의 차이가 있다고 해도 대부분은 일치하기 때문에 회계 상의 이익에 양자의 차이 나는 부분을 조정해서 세무 상의 소득 금액을 산출하고 있는 것이다.

〈포괄손익계산서에서 세금 계산으로의 조정(세무조정)〉

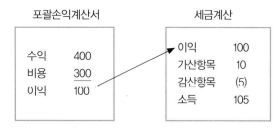

4) 비용과 손금의 차이, 수익과 익금의 차이

회계상으로는 비용이지만, 세무상의 손금에 해당하지 않는 항목으로서 대표적인 것으로는 앞서 언급한 접대비 이외에 사전에 신고하지 않은 임원 보수라든지 법정 한도액을 초과하는 감가상각비 초과액, 법적절차가 진행되기 전의 대손 손실 견적 금액 등 많은 종류가 있다.

반대로, 회계상의 수익이지만 세무상 익금이 되지 않는 항목은 일부의 요건을 만족시킨 수입 배당금 등, 그 종류가 한정적이다. 국가가 세수를 최대한 많이 확보하기 위해 손금이 되지 않는 항목을 많이 두고 있는 것이라고 생각된다.

한편으로는 정책적인 목적으로 일정한 조건 하에서 세금을 줄일 수도 있다. 예를 들어, 종업원에 대한 급여에 대해서 일정액 이상의 임금을 인상한 기업이나 차세대 대상의 설비투자를 적극적으로 수행한 기업에 대해서 세금의 일부를 감액을 국가가 인정하는 경우가 있다. 연도에 따라 조건은 다르지만 그 목적의 대부분은 경기 대책이다.

기업이 돈을 쓰지 않고 모으기만 하면 경기가 얼어붙게 된다. 오히려 적극적으로 임금 인상이나 설비투자를 하는 편이 경제 전체가 활성화되면서 중장기적으로는 경기가 회복되어 세수가 올라갈 수 있다. 그것을 내다보고 기업에 대해 돈을 쓰는 인센티브로서 감세제도를 매년마다 준비하고 있는 것이다.

　거액의 이익이 나고 있는데도 세금이 너무 적은 기업이 있다면 상당수는 이러한 제도의 활용에 의한 것이라고 해도 틀림이 없을 것이다.

♣

학이시습지(學而時習之)

1. 재무상태표, 포괄손익계산서, 현금흐름표 및 자본변동표는 4가지가 제각각 존재하는 것이 아니라 상호 (　　)되어 , 어떤 숫자의 움직임이 결산서 전체에 영향을 주게 된다.

2. 회계상 이익이 발생하였다 하더라도 현금이 없어 무너지는 것을 (　　)도산이라고 한다.

3. 판매할 상품을 일시에 많이 구입하였다 하디리도 매출원기는 판매한 매출액에 대응되는 금액만이 가능하다는 것을 (　　)의 원칙이라고 한다.

4. 다음은 대손충당금에 대한 기사내용이다. <u>잘못된</u> 문장을 찾으시오.
   "국내 은행들의 2분기 실적은 부실채권이 늘어나면서 은행이 쌓아야 하는 대손충당금도 늘고 있다. 대손충당금은 대출을 받아간 기업이나 개인이 자금난 등으로 부실화되면 은행이 떼일 것을 대비해 쌓아두는 돈이다.

5. 다음 자료에서 당기 중 외상매출금의 회수액은 얼마인가?
   (단, 당기 중 매출은 전액 외상매출임.)

	202X. 1. 1.	202X. 12. 31.
외상매출금	358	420
대손충당금	25	28
매출	–	1,200
대손상각비	–	20

6. 유형자산을 취득했을 때 재무상태표에는 그 취득가액이 계상된다. 취득원가 중 매년 비용으로 배부한 감가상각비를 차감하면 나머지 미배분액이 남는데 이를 장부가액이라고 한다. 이 장부가액은 시가이다. (   )

7. 다음에서 감가상각 대상에서 <u>제외되는</u> 것은?
   ① 차량운반구   ② 기계장치   ③ 건물   ④ 토지

8. 세무상 충당금이란 그에 해당되는 금액을 적립한 것을 말한다. (   )

9. 이익이란 회계 상의 개념으로서 수익에서 비용을 뺀 것이다. 이에 대해서 (   )이란 세무 상의 개념으로 익금에서 손금을 차감한 것이다.

10. 1990년대 이후 미국에서 최대 금융사기는?
    ① 에너지그룹 엔론사건   ② 다단계 폰지사기
    ③ 리만브라더스 사태   ④ 아서 앤더슨

[정답]
1. 연계   2. 흑자   3. 수익비용 대응
4. 대손충당금은 대손예상액인데도, 마치 돈을 적립하는 듯한 '쌓아야 하는' '떼일 것을 대비한 돈'이라는 표현은 잘못된 것이다.
5. 외상매출금 계정의 분석: 기초잔액 358 + 당기 매출 1,200 − 외상매출금의 감소(X)
= 기말잔액 420 ⇒ X = 1,138,
대손충당금 계정의 분석: 기초잔액 25 + 당기 계상액 20 − 당기 대손확정액의 정리(Y)
= 기말잔액 28 ⇒ Y = 17 ,
외상매출금 감소 중 현금 회수액의 계산: 1,138 − 17 = 1,121
6. X   7. ④   8. X   9. 소득   10. ①

제3부

결산서 활용편

모든 기업은 회계 기록을 기반으로 운영된다.
회계 용어를 이해해야만
회사의 회계 정보를 업무에 적용할 수 있다.
만일 회계 관련 언어를
구사하지 못한다면 업무에 대한 폭넓은 대화를 나눌 수 없고,
결과적으로 자신의 경력에도 악영향을 미친다.
그래서 직장인은 회사 업무에 꼭 필요한 주요 회계 용어와
재무제표 사용법을 알아야 한다.
또한 수치 문제와는 별개로 회계 감각을
유지하는 것도 중요하고,
왜 흑자 도산이 발생하는 지도 이해해야 한다.
그것은 직장 생활의 기본이자 성공의 열쇠다.

제7장
결산서의 분석과 기업가치 평가

 결산서의 분석

　제2장에서 설명한 바와 같이 다트(DART) 등에서 기업이 공시한 재무제표를 통하여 이를 해석하고 분석하여 의사결정에 활용하는 것이 중요하다.

1. 결산서 분석의 기초

　1) 재무제표 분석이란?

〈그림 7-1〉 재무제표 분석 및 경영 분석의 개념

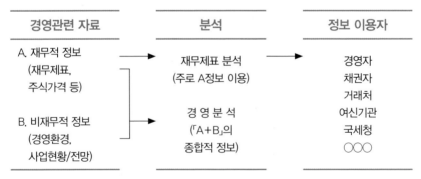

　기업이 수행한 모든 활동의 결과는 재무제표에 반영된다. 정보이용자들은 재무제표를 이용하여 기업의 경영성과와 현재의 재무상태를 분석

할 수 있는데, 이를 재무제표 분석이라 한다.

한편 기업을 평가하는 방법에는 재무제표 분석 외에 기업의 경영환경 등 여러 비재무적 정보를 재무적 정보에 접목시켜 종합적으로 평가하기도 하는데, 이를 경영분석이라 하여 재무제표 분석과 구분한다.

2) 추세 분석

추세 분석(time series analysis)이란 2개 회계연도 이상의 재무제표를 비교하여 관련 항목의 증감 변동을 절대액 또는 비율로 분석하는 것을 말한다. 이는 재무제표를 수평적으로 나열하여 분석한다고 하여 수평적 분석(horizontal analysis)이라고도 한다. 추세 분석은 여러 계정의 추세와 각 항목의 예외적인 차이를 쉽게 발견할 수 있는 장점이 있다.

3) 백분율 분석

재무상태표에 대한 백분율 분석은 자산 항목의 경우 총자산을 100으로 하여 각 계정 금액이 자산총계에서 차지하는 비율을 산출하고, 부채와 자본 항목 역시 부채와 자본총계를 100으로 하여 각 부채와 자본계정의 금액이 부채와 자본총계에서 차지하는 비율을 산출한다.

손익계산서에서는 매출액을 100으로 하여 기타 다른 계정의 금액이 이 매출액에서 차지하는 비율을 산출한다. 이와 같이 손익계산서를 매출액에 대한 각 항목의 구성비율로 표시한 것을 백분율 손익계산서라 한다.

백분율 분석은 수직적 분석(vertical analysis)이라고도 한다. 동종 산업 내에서 해당 기업의 상대적 위치를 평가하는 데 유용하다.

2. 재무비율 분석

1) 비교 재무제표

재무비율이란 재무제표 내에 있는 항목들을 서로 관련시켜 산출한 비율을 말한다. 재무비율을 간략하게 살펴보기 위해서 아래에 제시한 가상회사인 S벤처 회사는 보통주만 발행하였으며, 발행주식수는 4,500주이고 액면단가는 ₩10/주이다.

〈그림 7-2〉 비교 재무제표

비교 손익계산서

S벤치 회사 (단위: 천 원)

과목	회계연도[7]			증가 또는 감소	
	202Z	202Y	202X	202Z	202Y
Ⅰ. 매출액	80	102	47	(22)	55
Ⅱ. 매출원가	50	60	25	(10)	35
Ⅲ. 매출총이익	30	42	22	(12)	20
Ⅳ. 판매비와 관리비	15	20	12	(5)	8
1. 판매비	11	13	8	(2)	5
2. 관리비	4	7	4	(3)	3
Ⅴ. 영업이익	15	22	10	(7)	12
Ⅵ. 영업외수익	3	0	1	3	(1)
Ⅶ. 영업외비용(이자비용)	2	2	1	–	1
Ⅷ. 법인세차감전 순이익	16	20	10	(4)	10
Ⅸ. 법인세비용	6.4	8	4	(1.6)	4
Ⅹ. 당기순이익	9.6	12	6	(2.4)	6

---

7) 회계연도를 표시하는 순서는 202X, 202Y, 202Z과 같이 최근 회계연도를 오른쪽에 표시하는 방법도 있다.

비교 재무상태표

S벤처 회사 (단위: 천 원)

과목	회계연도			증감 금액	
	202Z	202Y	202X	202Z	202Y
자산					
Ⅰ. 유동자산					
1. 현금	30	35	35	(5)	−
2. 단기매매금융자산	20	15	5	5	10
3. 외상매출금	20	15	10	5	5
4. 재고자산	50	45	50	5	(5)
유동자산계	120	110	100	10	10
Ⅱ. 비유동자산	100	90	85	10	5
자산총계	220	200	185	20	15
부채					
Ⅰ. 유동부채	55.4	50	52	5.4	(2)
Ⅱ. 비유동부채	80	75	70	5	5
부채총계	135.4	125	122	10.4	3
자본					
Ⅰ. 자본금	45	45	45	−	−
Ⅱ. 이익잉여금	39.6	30	18	9.6	12
자본총계	84	75	63	9.6	12
부채와 자본총계	220	200	185	20	15

비교 현금흐름표

S벤처 회사 (단위: 천 원)

과목	202Z		202Y	
Ⅰ. 영업활동 현금흐름		6.2		11
1. 당기순이익	9.6		12	
2. 감가상각비	1.2		1	
3. 외상매출금의 증감	(5.0)		(5.0)	
4. 재고자산의 증감	(5.0)		5.0	
5. 외상매입금의 증감	5.4		(2.0)	
Ⅱ. 투자활동 현금흐름		(21)		(18)
Ⅲ. 재무활동 현금흐름		9.8		7
Ⅳ. 현금의 증감		(5)		0
Ⅴ. 기초의 현금		35		35
Ⅵ. 기말의 현금		30		35

2) 재무비율

재무비율은 각각 나름대로 의미가 있지만, 비율간에 상충되는 해석이
될 수도 있다. 따라서 재무비율을 최종 분석할 때는 종합하여 해석할 필
요가 있다.

〈그림 7-3〉 S벤처회사의 재무비율 종합

	비율	산출식	202Y	202Z	변동 추세
I. 장 단 기 지 급 능 력	1. 유동비율	유동자산/유동부채	2.2	2.17	감소
	2. 부채비율	부채총액/자본총액	1.67	1.60	감소
	3. 이자보상비율	(이자비용＋법인세차감 전 순이익)/이자비용	11배	9배	감소
II. 활 동 성	1. 매출채권 회전율	외상매출액/평균 매출 채권 잔액	8.16회	4.57회	감소
	2. 평균 회수기간	365/매출채권회전율	44.7일	79.9일	증가
	3. 재고자산 회전율	매출원가/평균 재고자 산 잔액	1.26회	1.05회	감소
	4. 평균 재고기간	365/재고자산회전율	289.7일	347.6일	증가
	5. 총자산 회전율	매출액/평균 자산총계	0.53	0.38	감소
III. 수 익 성	1. 매출총이익률	매출총이익/매출액	41%	38%	감소
	2. 매출액 당기순이 익률	당기순이익/매출액	12%	12%	불변
	3. 투자수익률	당기순이익/평균자산 총계	6.23%	4.57%	감소
	4. 주당 순이익(EPS)	보통주 귀속 당기순이 익/보통주의 가중평균 유통주식수	₩2.67	₩2.13	감소
	5. 주가 수익률(PER)	주당 시가/주당순이익	9.74배	9.39배	감소

IV. 성장성	1. 매출액 증가율	(당기매출액-전기매출액)/전기매출액	117%	-25%	감소
	2. 총자산 증가율	(당기총자산-전기총자산)/전기총자산	8%	10%	증가
	3. 당기순이익 증가율	(당기순이익-전기순이익)/전기순이익	100%	-20%	감소

3) 재무비율의 종합 해석

S벤처회사 사례에 대한 재무비율을 종합하여 해석해 보자.

① 수익성이 전반적으로 악화되고 있다. 매출총이익률이 하락한 것을 보면 그만큼 제품의 제조원가나 상품의 구입가격이 상승하여 경쟁력이 약화되고 있는 것으로 평가할 수 있다.

② 202Y년과 202Z년의 유동성 비율을 보면, 유동비율은 계속 하락하여 단기지급능력이 약간 감소하고 있다.

③ 또한 안전성 비율을 분석해 보면 부채비율과 이자보상비율은 대체로 양호한 것으로 나타나고 있다.

④ 활동성(효율성) 비율을 보면, 매출채권 회전율과 재고자산 회전율뿐만 아니라 총자산 회전율도 감소하고 있어 전반적으로 자산이 비효율적으로 운용되고 있다.

이상에서 S벤처 회사의 경영자는 수익성·유동성·안전성·활동성 및 성장성이 전반적으로 악화된 원인을 분석하여 종합적인 대책을 수립하여야 할 필요가 있다.

3. 종합적 재무분석

재무제표로부터 산출된 재무비율을 이용하여 기업에 대한 기초 정보를 마련한 후에는 재무제표가 아닌 기타 질적 정보(예를 든다면 기업의 대외적인 신용도나 이미지, 경영자의 건강상태 및 전반적인 경기변동 등)를 함께 고려한 종합 재무분석을 하는 것이 좋다.

이에는 지수법(index method)과 종합평점 제도가 대표적이다.

1) 지수법

지수법(index method)은 재무비율 중 몇 개를 선정한 후, 표준비율로 나누어 관계비율을 계산한 다음, 가중치를 곱하여 종합지수를 계산하는 방식이다. 대표적인 지수법으로 월 지수법(Wall index method)이 있다.

〈그림 7-4〉 월 지수법의 예

재무비율	가중치 (a)	업체명 (b)	산업 평균 (c)	관계비율 (d)=(b)/(c)×100	평점 (e)=(a)×(d)
1. 유동성 　유동비율	0.25				
2. 안전성 　부채비율 　고정 장기적립비율	0.25 0.15				
3. 활동성 　매출채권 회전율 　재고자산 회전율 　비유동자산 회전율 　자기자본 회전율	0.10 0.10 0.10 0.05				
합계	1.00				

2) 종합평점제도

〈그림 7-5〉 기업체 종합평가표

업체명:　　　　업종:　　　　　　　　　　　　　　　업체규모별: 대(중소) 기업

평가항목		배점	평점등급					평점
			A	B	C	D	E	
1. 재무상태	자본 구성	15						
	유동성	15						
	수익성	15						
	안정성	5						
2. 사업현황 및 전망	활동성	5						
	성장성	5						
	생산성	10						
	사업 전망	10						
3. 은행과의 관계	거래 신뢰도	5						
	채무상환능력	5/2						
	기업경영 상담	5/2						
4. 경영형태 및 인적사항	1) 대기업 경영방식	5/2						
	경영능력	5/2						
	경영자 인격 및 종업원관계	5						
	2) 중소기업 경영능력	5						
	경영자 인격 및 종업원관계	5						
종합 평점		100						

종합평점제도는 한국은행의 '기업체 종합평가표'가 대표적이다.

〈그림 7-5〉에서 보는 바와 같이 '기업체 종합평가표'의 70%는 재무비율이고, 30%는 경영 현황에 관한 주관적 판단을 요하는 요소(2의 사업 전망 및 3,4 항목)로 구성되어 있다.

4. 재무제표 분석의 한계

재무제표 분석은 아주 유용하나, 다음과 같은 한계도 있으므로 이를 고려하여 해석해야 한다.

1) 재무제표는 화폐 단위로 하고 있기 때문에 화폐 단위로 측정 불가능한 기업의 경제적 가치(예를 들면, 기업의 인적자원, 종업원의 애사심이나 사기, 기업의 대외적 신용도 및 명성 등)는 재무제표에 반영되지 않는다는 점이다.

2) 현재 다양한 회계처리 방법을 인정하고 있으므로 회계원칙에 따라 작성된 재무제표라 하더라도 기업간 비교시에는 어떤 방법을 채택하였는지를 고려하여야 한다.

3) 재무상태표의 자산은 대부분 원가주의를 적용(단, 공정가치로 적용하는 경우에는 제외)하고 있기 때문에 기업의 실질적인 가치인 시가를 반영하지 못할 수도 있다.

> 특히 경영은 숫자 외의 관리도 매우 중요하다. 보이지 않는 데에서 더 중요한 일이 발생될 수도 있다. 이 점을 고려해서 숫자로 된 재무비율의 배후도 돌아보는 지혜가 필요하다.

제2절 결산서와 주가 분석

결산서를 분석하고 가치 평가를 하기 위해서는 애써서 구한 결산서와 친숙해질 필요가 있다.

1. 결산서와 주가를 비교한다.

실적이 좋으면 주가가 오른다고 생각하는 것이 일반적인 해석이다. 그러나 결산서와 주가는 어느 정도의 상관관계는 있지만 완전히 연동되지는 않는다. 그 이유는 주가에는 증권시장에서의 수요와 공급이라든지 예상과 기대가 담겨 있기 때문이다.

주가와 비교하여 자주 사용되는 지표로는 BPS(1주당 순자산)와 EPS(1주당 당기순이익)가 있다.

1) BPS(1주당 순자산)

BPS란, 재무상태표에 계상되어 있는 순자산을 발행주식수로 나눈 것이다(그림 7-6). 순자산은 자산에서 부채를 뺀 순수한 자본이기 때문에 그 자체가 주주에게 귀속되는 몫이 된다.

만일 지금 회사를 해산한다면 보유하고 있는 자산 전부를 돈과 바꾸고, 그 돈으로 부채를 전액 지불하고 남은 돈을 주식수에 따라 주주에게 배분할 것이다. 따라서 BPS는 '1주당 해산가치'와 같은 것으로 볼 수 있다.

〈그림 7-6〉 BPS 이미지

BPS: 순자산을 주식수로 나눈다.

즉, 주가가 BPS 이하인 회사는 계속 존속하기 보다는, 회사를 접고 잔여 재산을 주주에게 분배하는 것이 낫다고 평가받는 것을 의미한다.

〈그림 7-7〉 BPS 구하는 방법과 평가

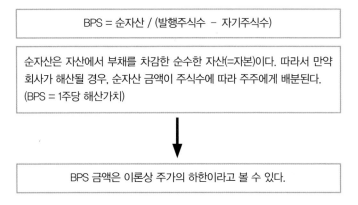

이렇게 BPS와 주가를 비교하는 지표를 PBR(Price Book-value Ratio, 주가 순자산배율)이라고 한다.

$$PBR\ (배) = 주가\ /\ BPS$$

즉, PBR은 주가가 BPS의 몇 배나 되는지를 나타내는 지표다. PBR은 1배를 웃도는 것이 보통이고, 반대로 1을 밑돌면 투자가로부터 기대를 받지 못하는 기업이라는 것을 알 수 있다.

2) EPS(1주당 당기순이익)

EPS는 손익계산서에 계상된 당기순이익을 발행주식수로 나눈 것이다. 주주에게 귀속되는 당기순이익은 1년간의 경영 활동 끝에 거둔 최종적인 이익이므로 바람직한 가치의 기준이 된다.

〈그림 7-8〉 EPS 이미지

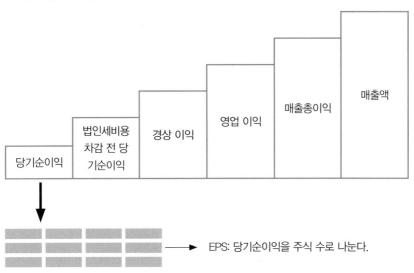

여기서 유의해야할 점은 EPS의 기초가 되는 당기순이익은 과거 1년간의 실적이다. 따라서 단순히 EPS와 주가를 비교해도 의미가 없을 수가 있다.

일반적으로 주가는 향후 15년치의 이익 전망으로 형성되고 있다고 알려져 있다. 따라서 이 경우에는 EPS를 15배한 수치와 주가를 비교하여 투자가가 어떤 평가를 하는지를 판단한다.

〈그림 7-9〉 EPS 구하는 방법과 평가

EPS = 당기순이익 / (발행주식수 − 자기주식수)

당기순이익은 모든 비용과 세금을 공제한 최종 이익이므로 주주에게 귀속하는 이익이다. 주가는 평균적으로 향후 15년 치의 이익 전망으로 형성되고 있다. (EPS × 15 = 적정 주가의 수준)

EPS를 15배한 금액이 주가의 기준이 된다.

3) PER(1주당 주가수익률)

이렇게 EPS와 주가를 비교하는 지표를 PER(Price Earnings Ratio, 주가수익률)이라고 한다.

PER (배) = 주가 / EPS

즉, PER는 주가가 EPS의 몇 배가 되는지를 나타내는 지표이다. 앞에서 설명했듯이, 주가는 보통 향후 15년치의 이익 전망으로 형성되기 때문에, PER이 15배가 안 되면 투자가는 그 회사의 장래성에 그다지 기대하지 않을 것임을 알 수 있다.

다만, 15배라는 것은 어디까지나 전산업 평균이며 업종에 따라 표준적인 PER는 달라질 수 있다. 그것은 지금 PER가 작아도 향후 15년에 걸쳐 꾸준히 증가할 것으로 예상되는 경우에는 주가가 덩달아 치솟는 경향이 있기 때문이다.

2. 국제동향을 눈여겨 본다.

기업의 실적은 사회나 세계의 움직임과 연결되어 있다. 날마다 신문이나 뉴스로 전해오는 정보가 기업 가치에 어떠한 영향을 미치는지 연관시켜 보는 것도 좋은 방법이다.

1) 실제의 결산서를 읽고 연습한다.

한번 얻은 지식이라고 해도 사람의 뇌는 잊어버리게 되어 있다. 그런데 배운 지식을 잊지 않는 유일한 방법은 바로 그 지식을 사용하는 것이다. [사용]이란 실제로 결산서를 구하여 도표를 그리고 분석을 해보는 것이다. 자신이 다니는 회사, 이직하려고 생각하고 있는 회사, 투자하려고 하는 회사, 자기가 애용하는 상품을 만드는 회사, 자주 가는 음식점을 경영하는 회사, 최근 뉴스에서 화제가 되고 있는 회사 등등……, 자신이 관심 있는 회사부터 차근차근 분석해 보는 것이다.

2) 자사가 속한 업계와 고객사의 기업 동향도 살펴보자.

자기 회사가 속한 업계에서 선두기업의 동향을 항상 주시해 두자. 분기별 결산 발표를 체크하는 것은 물론, 실적 예상의 수정, 조직 개편, 타사와의 업무 제휴 기업의 업무·운용·실적에 관한 중요한 동향들도 지켜보아야 한다. 기업이 고객의 비즈니스(B to B 비즈니스)라면 고객사가 속하는 업계 동향에도 주시하는 것이 좋다. 예를 들어 의약품 제조회사용 시스템을 개발하는 IT기업이라면 고객사인 의약품 제조사의 결산서를 분석하여, 그로부터 의약품 업계가 안고 있는 과제나 영업상의 특징을 이해함으로써 고객사의 욕구(needs)를 살펴볼 수 있을 것이다.

1. 부실기업 정리제도(워크 아웃)

1) 기업개선 작업(워크아웃)

파산 보다는 회생하는 것이 낫다고 판단될 때 파산이나 회사 정리 등 도산(倒産)절차에 들어가지 않고 경영자와 주주 채권자들이 협의하여 기업채무 구성과 재무상황 일정을 재조정하는 방식으로 부실기업의 회생을 꾀하는 것을 말한다.

2) 회사정리 제도

회생 가능한 기업이 채무 지급보증 상태에 들어가 파산위기에 빠져 있는 경우 법원의 감독 아래 각 이해관계자들의 이해를 조정하여 사업을 계속하면서 기업을 회생시키는 제도를 말한다.

3) 은행 관리

은행이 「금융기관 여신업무 취급 지침」에 따라 기업체를 관리하거나 채권 보전 절차에 따라 기업체에 직원을 상주 파견하는 것을 은행 관리라고 한다.

4) 파산

채무자가 경제적 변제 능력을 상실하여 채권자의 대한 채무를 이행할 수 없게 되었을 때 또는 그런 상태를 대체하기 위해 법률적 수단으로 채무자의 전 재산을 관리하여 채권자에게 채권 비율에 따라 금전적으로 공평하게 배분해 주는 것을 목적으로 하는 재판상 화해 절차를 말한다.

5) 화의(和議)제도

화의법에 규정된 제도로 채무자는 파산선고를 피하기 위해, 채권자는 유리한 변제를 받을 목적으로 법원 감독하에 합의를 체결하게 한다.

6) 부도 유예협약

대기업들의 연쇄 부도를 막기 위해 1997년 4월 18일에 은행 주도로 등록되었던 협약이다.

2. 채권 등급평가

1) 채권 등급 평가

신용평가기관이 특정 채권의 원리금이 약정된 날짜에 약정된 금액만큼 상환 될 수 있을지를 판정하여 이를 등급으로 매겨 투자자에게 전달하는 것을 말한다. 그러므로 투자자에게 위험에 대한 정확한 정보를 제공하여 투자자를 보호할 수 있다.

2) 채권 등급평가의 기능

- 채권발행 기관(기업, 정부, 지방자치단체 등)의 원리금상환 능력에 대한 우월한 정보를 저렴한 비용으로 제공한다.
- 투자신탁 같은 기관투자자에게 법적 보호 기능을 제공하는 한편 기관투자자의 투기적인 활동을 제한하는 역할을 한다.
- 채권발행 기관이 제공하는 재무적 또는 비재무적인 정보를 확인해 주는 역할을 한다.
- 경영자의 행동을 감시하는 역할을 한다.

3) 신용평가기관

채권발행 기업, 지방자치단체 또는 국가신용도를 평가하는 것을 주된 업무로 행하는 기관으로서, 부도의 가능성과 부도 발생시 얼마만큼의 원리금을 보전할 수 있는지에 대한 정보를 제공한다.

4) S&P와 Moody's의 CP 등급의 분류와 그 의미

A1: 최상위 등급, A2: 상위 등급, A3: 중간 등급, B,C,D: 하위 등급

장기 신용등급								
S & P			Moody's			Fitch		
AAA			Aaa			AAA		
AA+	AA	AA−	Aa1	Aa2	Aa23	AA+	AA	AA−
A+	A	A−	A1	A2	A3	A+	A	A−
BBB+	BBB	BBB−	Baa1	Baa2	Baa3	BBB+	BBB	BBB−
BB+	BB	BB−	B21	B22	B23	BB+	BB	BB−
B+	B	B−	B1	B2	B3	B+	B	B−
CCC+	CCC	CCC−	Caa1	Caa2	Caa3	CCC+	CCC	CCC−
CC			Ca			CC		
C			−			C		
D			D			DDD	DD	D

3. 기업가치의 평가

1) 기업 가치(Enterprise Value; EV)

기업의 미래 수익창출 능력을 이자율(평균자본비용)로 할인하여 현재 시점에서 그 기업의 가치를 산출한 값이다. 이 수치가 현 주가보다 높은 기업은 앞으로 주가가 오를 것이라고 평가한다.

2) 콜옵션과 풋옵션

콜옵션은 기초자산의 가치가 행사가격보다 클 때 가치를 갖고, 풋옵

션은 기초자산의 가치가 미리 약정된 행사가격 보다 작을 때 가치를 갖는다.

3) 경제적 부가가치

1980년대 미국의 컨설팅회사인 Stern Stewart사에 의해 개발된 경제적 부가가치(economic value added, EVA)란 양적 경영에서 수익 중시 또는 가치 중시의 질적 경영을 반영해 주는 지표이다.

산식을 보면 자본비용을 제외한 나머지 항목은 재무상태표에서 바로 얻을 수 있는 정보이고, 자본비용(cost of capital)의 개념이 추가되었다.

$$EVA = 당기순이익 + 이자비용 - (단기차입금 + 유동성장기부채 + 장기차입금 + 사채 + 자기자본) \times 자본비용$$

EVA의 기본적인 사고는 주주에 대한 보상(당기순이익)과 채권자에 대한 보상(이자비용)의 합이 기업의 자본대가를 초과하여야 한다는 것이다. 따라서 (+)의 EVA 액은 주주 부의 증가를 의미하며, (−)이라면 주주는 보유주식을 처분해 버릴 것이다.

STORY가 있는 회계

1. 판매가능액과 매출원가 및 기말재고액의 상호관계

회계에서 재고자산의 평가란 말은 재고자산의 가치를 정하는 것이 아니라, 투입된 재료 중에서 기말 재고자산의 금액을 계산하는 것을 말한다. 따라서 재고자산은 시가가 아니다.

1) 판매가능액

기초 상품재고액에 매입액을 합한 금액을 판매가능액(goods available for sale)이라 한다.

[판매가능액과 기말재고액의 관계]

기초 상품재고액	➡ 전환 ➡	매출원가
매입액		기말 상품재고액
합계 (= 판매가능액)	← 일치 (=) →	합계

2) 재고 금액과 매출원가의 결정

한편 판매 가능액은 매출원가와 기말 재고액으로 배분된다. 기말 재고 금액은 재고수량에 단가를 곱하여 산출된다. 이 때 재고수량을 수불부에 의하여 파악하는 방법을 계속기록법이라 한다. 수불부는 재고의 입고, 출고, 잔량을 기록하는 장부이다.

3) 기말 재고금액의 확정 방법

매출원가와 기말재고 금액을 정하는 방법에는 개별법, 선입선출법,

후입선출법, 종합평균법 등이 있다. 어떤 방법을 적용하든 기말재고액을 크게 하면 매출원가가 적어지고, 따라서 당기순이익이 그만큼 증가한다.

아래 표에서 선입선출법을 적용하면 기말재고 수량에 대한 단가는 매입단가를 적용받아 기말재고액이 400개 * @110 = 44,000원이 된다. 따라서 매출원가는 130,000 - 44,000 = 86,000원으로 배분된다.

[선입선출법(FiFo)에 의한 기말재고액 산출]

구분	수량(개)	단가	총원가
기초재고	200	₩100	₩20,000
매입	1,000	110	110,000
계	1,200		₩130,000
매출원가	800		86,000
기말재고	400	110	44,000
계	1,200		130,000

4) 회계 분식

위의 판매가능액에서 기말 잔액을 차감하면 매출원가가 된다. 따라서 판매가능액이 고정적일 경우 기말재고액에 금액을 많이 배부하면 매출원가가 그만큼 적어지며, 결과적으로 당기순이익이 커지게 된다. 자금을 손대지 않고 하는 회계 분식 중 가장 손쉬운 방법으로 종종 악용되기도 한다. ♣

2. 감가상각비 배부방법

감가상각(減價償却)이란 대상 유형자산을 평가하여 가치가 하락한 금액을 비용으로 계상하는 것이 아니라, 취득가액을 합리적인 사용기간에 비용으로 배부(配付)하는 것을 말한다.

1) 정액법

정액법(定額法, straight-line method)은 매년 같은 금액으로 감가상각비가 배부되도록 하는 방법이다. 계산이 간편하다. 직선법이라고도 한다.

- 매년 감가상각비 = (취득원가 − 잔존가액) × $\dfrac{1}{\text{내용연수}}$

2) 정률법

정률법(定率法, fixed-rate method)은 매년 감가상각비를 배부할 상각률을 일정하게 하는 상각 방법이다. 따라서 정률법에서는 매년 초의 기준액인 장부금액(취득원가 − 상각누계액)은 줄어들어 상각액이 점차 감소한다는 특징이 있다. 장부가액을 법인세법에서는 '미상각액'이라 한다.

매년 감가상각비 = (취득원가 − 상각누계액) × 정률

$$정률 = 1 - \sqrt[n]{\frac{\text{잔존가치}}{\text{취득원가}}} \quad (n: \text{내용연수})$$

3) 생산량 비례법

생산량 비례법(生産量 比例法)은 생산 단위당 균등한 금액을 감가상각비에 반영하는 방법이다.

• 매년 감가상각비

$$= (취득원가 - 잔존가치) \times \frac{매년\ 실생산량}{내용연수\ 동안의\ 총추정\ 생산량}$$

4) 연수합계법

연수합계법이란 예컨대 내용연수가 5년이라면 연수의 누적 합계가 1+2+3+4+5 = 15년이 되고 매년 비용으로 배분할 감가상각비는 5/15, 4/15, 3/15, 2/15, 1/15과 같이 역순으로 배부하는 방법을 말한다.

5) 내용연수 예시(건축물)

구분	품목	내용 연수
유형 자산	차량 및 운반구, 공구, 기구 및 비품	5년 (4년~6년)
	선박 및 항공기	12년 (9년~15년)
	연와조, 블록조, 콘크리트조, 토조, 토벽조, 목조, 목골모르타르조, 기타조의 모든 건물과 구축물	20년 (15년~25년)
	철골, 철근콘크리트조, 석조, 연와석조, 철골조의 모든 건물과 구축물	40년 (30년~50년)

6) 무형자산의 상각

무형자산의 내용연수는 관계 법령 등에서 정한 기간을 초과할 수 없고, 상각방법은 정액법을 사용한다. 아울러 상각액을 해당 자산에서 직접 차감한다. ♣

학이시습지(學而時習之)

1. 다음 중에서 수직적 분석의 의미를 나타내는 것은?
   ① 재무제표 항목의 기간별 증감액 분석
   ② 백분율(공통형) 재무제표의 분석
   ③ 한 회계기간의 재무제표 항목의 비율분석
   ④ 특정 재무제표 항목과 산업평균의 비교분석

2. 다음 재무비율이 반영하고 있는 정보 내용 중 잘못된 것은?
   ① 유동성비율: 단기 지급능력에 관한 정보 제공
   ② 안전성비율: 장기 지급능력에 관한 정보 제공
   ③ 수익성비율: 이익의 창출 능력에 관한 정보 제공
   ④ 활동성비율: 미래의 성장 가능성에 관한 정보 제공

3. 다음 자료는 (주)야망의 202K년도의 회계장부로부터 발췌한 것이다.

· 유동자산	350,000	· 고정자산	250,000
· 이익잉여금	50,000	· 부채총계	100,000

   202K년도의 부채비율은 얼마인가?
   ① 0.17 ② 0.25 ③ 0.20 ④ 0.30

4. 다음 자료에 의할 경우 투자수익률(ROI)은?

· 자산의 기초잔액 550,000	· 자산의 기말잔액 650,000
· 이익잉여금 기초잔액 100,000	· 이익잉여금기말잔액 200,000
· 배당금 지급액 50,000	

   ① 0.30 ② 0.27 ③ 0.25 ④ 0.23

5. BPS(주당 순자산 또는 1주당 장부가액)는 1주당의 (   )와 같은 것이다.

6. 다음 지표에 의할 경우 주당 순이익(EPS)은?

• 당기순이익 ₩140,000	• 보통주 배당금 ₩50,000
• 우선주 배당금 ₩50,000	• 우선주 발행주식총수 500주
• 보통주 발행주식총수 6,000주	

   ① 10.0　　　② 11.54　　　③ 20.77　　　④ 22.50

7. 투자 적격 채권이 아닌 것은?
   ① AA　　　② A-　　　③BB+　　　④ BB-

8. 실질적 지급불능에 이르렀을 때 채권자의 신청에 의해 법원이 내리는 파산 선고는?
   ① 경제적 부실　　② 법정 화의　　③ 지급불능　　④ 파산

9. 다음 중 기업의 구조조정 중에서 법적 정리가 아닌 것은?
   ① 파산　　　② 워크아웃　　③ 회사정리　　④ 은행관리

10. 기업가치 분석이 아닌 것은?
   ① 배당 할인 모형　　　　　② 현금흐름 할인 모형
   ③ 초과이익 할인 모형　　　④ 당기순이익 할인 모형

[정답]
1. ②　2. ④　3. ③　4. ③　5. 해산 가치　6. ④　7. ④　8. ④　9. ②　10. ④

8장
부서별 결산서 활용과
결산서를 알고 상황에 잘 대처한 사례

 부서별 결산서 활용하기

1. 결산서는 정보의 보고다.

1) 결산서는 경리를 위한 것만이 아니다.

결산서는 경리부서의 직원들만 관계된다고 생각하는 분들이 많은 것 같다. 회계에 대하여는 전문부서가 담당하는 것이므로 그 이외의 부서에서는 알 필요가 없다고 생각하는 분이 있지만, 그것은 큰 오해이다.

2) 결산서는 이해관계자들이 읽기 위한 것이다.

부기란 장부 기록(帳簿 記錄)의 준말로, 매일매일 기업의 모든 거래(돈의 움직임이나 물건의 움직임)을 장부에 기록하는 것이다. 그 기록한 내용을 모두 합해서 1년간의 결과를 정리한 것이 결산서이다.

결산서를 왜 만드느냐 하면 그 회사의 이해관계자들이 읽어보기 위한 것이다. 그 이해관계자에는 당연히 회사의 내부 임직원도 포함된다. 그렇기 때문에 완성된 결산서는 경리부서 이외의 모든 부서에서 활용할 수 있다.

〈그림 8-1〉 회사 내에서의 결산서

| 거래 | → | 장부에 기록(부기) | → | 결산서 작성 | → | 결산서 활용 |

[전 부서]　　　　　　　　　　　[경리부]　　　　　　　　　　[전 부서]

결산서는 유효적절하게 활용하면 정보의 보고가 되지만, 사용법을 모른다면 단순한 숫자의 나열에 지나지 않는다.

2. 영업부의 경우

B to B 거래(법인간의 거래)를 주로 하는 기업이라면 고객은 개인이 아니라 기업이 된다. 고객사의 결산서를 바탕으로 어떤 회사인지를 조사하는 것은 수비(지킴이)와 공격의 양면에서 유효하다.

1) 여신관리라고 하는 '수비(지킴이)' 영업

통상, 개인을 상대하는 거래(B to C 거래)에서는 상품이나 서비스를 제공하는 시점에서 대금을 즉시 수령할 수 있다. 그러나 계속적 반복적으로 거래가 이뤄지는 B to B 거래에서는 고객사에 상품, 서비스를 제공할 때마다 대금을 주고받는 것은 복잡하기 때문에 일정기간을 정해서 대금(외상매출금)을 수령하곤 한다.

그렇기 때문에 거래 도중에 고객사가 경영위기에 빠지게 되면 상품이나 서비스를 제공하더라도 외상매출금을 회수할 수 없는 대손 리스크(risk)가 생기게 된다. 따라서 신용력이 있는 기업(도산 위험이 낮은 기업)을 고객으로 선정하고 거래를 시작한 후에도 지속적으로 고객사의 안전성을 점검해 나가는 것은 B to B 거래에서 필수이다.

여신관리에서 빼놓을 수 없는 것이 고객사의 결산서 분석이다. 예를 들어 재무상태표를 바탕으로 자기자본 비율이나 유동비율을 계산하고,

안전성이 낮지는 않은지 체크한다. 또한 손익계산서의 추이에서 계속적으로 이익을 내고 있는가에 따라 장래의 안전성(순자산에 미치는 영향)을 추측할 수도 있다. 그리고 현금흐름표에서 적절하게 현금이 돌고 있는지, 현금의 사용이 건전한지, 현금 잔액이 극단적으로 부족하지는 않은지 확인할 수 있다.

2) 고객을 만들어 내는 '공격' 영업

[공격형]이란 고객을 늘려서 매출을 증가시키겠다는 의미이다. 신규로 고객사를 개척할 때 무작정 뛰어들어 전화번호부에서 닥치는 대로 선성하는 것은 그다지 효율적이지 않다. 역시 고객이 될 가능성이 높은 기업부터 공략해 가는 것이 효과적이다. 그럴 때에 도움이 되는 것이 결산서이다. 고객 후보가 될 기업은 어떤 경영상태에 있는지를 결산서 수치로부터 읽어 내는 것이다. 동종 타사와 비교해서 수익력이 높은지, 현금의 여력은 있는지 등 여러 관점에서 우량 고객이 될 수 있는 기업을 선별한다.

그리고 그 기업이 안고 있는 경영 과제를 결산서에서 찾아낸다. 만약에 찾아낸 그 과제가 당신 회사의 상품, 서비스로 해결된다면 기꺼이 당신의 회사에 도움을 요청할 것이다. 또한 상대가 알지 못하는 잠재적인 과제나 요구를 앞질러서 해결방안을 제공해 줄 수 있게 된다면 이제 그 회사는 양 손을 들어서 당신의 회사를 신뢰할 것이다.

3. 경영기획부의 경우

1) 결산서를 통해 회사와 업계를 파악한다.

경영기획부는 회사의 중추적인 역할을 담당하는 중요한 부서이다. 그래서 회사의 숫자(결산서)를 바탕으로 현재 회사의 객관적인 경영상황을 파악하는 것은 물론, 앞으로의 전망, 업계 내에서의 위치, 경쟁사의 움직임 등을 파악해 둘 필요가 있다.

그렇기 때문에 경영기획부는 경리부가 작성한 결산서를 세분화하고 상품별이나 사업부별로 실적 평가를 하고 어떤 상품(사업)이 회사 전체의 견인차가 되는지, 반대로 어떤 상품(사업)이 전체의 발목을 잡고 있는지를 객관적으로 파악할 수 있다.

2) 중대한 경영 판단의 좋은 자료가 된다.

만약 특정 사업에서 철수한다고 할 때 경영기획부에서는 해당 사업부의 책임자를 설득시킬 필요가 있다. 그럴 때에는 결산 수치에 근거한 객관적인 사실이, 판단 자료로서 설득력을 부여해 줄 것이다.

때로는 M&A를 통해 사업을 확대할 수도 있을 것이다. 하지만 비용이 막대하게 들어가는데도 실패하는 사례는 셀 수 없이 많다. M&A를 할지, 안 할지 경영기획부가 검토할 때 결산서를 바탕으로 한 가상 실험(Simulation)을 통하여 경영을 보다 좋은 방향으로 이끌 수 있을 것이다.

4. 홍보(IR)부의 경우

1) 자사의 결산을 설명하는 부서가 IR이다.

IR이란 Investor Relations의 약자로서, 기업이 자사의 재무 내용이나 실적 등의 투자 판단 자료를 투자가에게 알리는 활동을 말한다. 결산 정보를 발표하는 것은 사장이나 재무담당 임원이지만, 그것을 측면에서 지원하는 것은 IR 담당자이다. 자사의 실적이나 경영 실태, 전망을 오해 없이 투자가에게 알릴 수 있도록 결산 설명 자료를 작성하고, 투자가로부터의 질문에 정확하게 대답할 수 있어야 한다.

2) 투자가 능 이해관계자를 위한 배려를 해야 한다.

문의 받는 IR부서가 결산서에 관한 지식이나 회계 용어가 불분명하다면 질문에 대답할 수 없을 뿐만 아니라 질문의 의미조차 모를 것이다. 물론 복잡한 내용의 질문은 담당부서에 물어볼 필요가 있겠지만 사사건건 묻는다면 그건 그냥 전화를 연결만 하는 사람이 될 뿐이다. 이렇게 해서는 IR부서의 존재의의가 없고, 문의를 해온 투자가로부터는 신뢰를 잃게 된다. 그렇기 때문에 IR부서의 경우는 평소부터 결산서에 친해질 필요가 있는 것이다. 바로 나 자신이 기관투자가나 개인투자가의 입장이 되었다는 생각으로 객관적인 시점으로 자사의 결산서를 분석하고 동시에 동종업계 타사의 결산서를 비교해 보는 것이 좋다.

투자가의 입장에서 결산서를 읽어 보면 재무 내용이나 실적에 대한 다양한 의문이 생겨날 수 있다.

5. 인사부의 경우

1) 인건비와 기회비용의 관계를 이해해야 한다.

'기업은 사람이다.'라는 말이 있듯이, 기업을 움직이는 것은 직원들이다. 따라서 사람을 다루는 인사부는 조직을 관장하는 존재라고 할 수 있다. 업종에 따라서는 인건비가 가장 큰 비용이 되는 수도 있다. 사원수는 물론, 급여 수준, 승급 폭, 상여 지급액을 아주 조금 바꾸는 것만으로도 이익에 큰 영향을 미친다.

예를 들어, 업무량이 줄어드는 데도 불구하고 인력 충원을 요청하는 것은 '한 사람 퇴직, 한 사람 충원'이라는 관행에 따른 요구일 수도 있다. 아니면 그냥 자기가 편하고 싶으니까 많은 스탭 직원을 두려고 하는 속셈일 수도 있는 것이다.

이런 일이 계속 이어지면 쓸데없는 인건비가 팽창하여 이익에 큰 압박이 된다.

반대로 인력 부족으로 인하여 실적이 저조할 수도 있다. 예를 들어, 고객의 수요가 크게 늘어나고 있음에도 근로자 부족으로 신규 출점을 하지 못하는 음식업이나 소매업, 필요한 직원을 확보하지 못한 상태로 증산 체제로 바꾸지 못하는 제조업 등, 매출 신장의 기회를 놓치는 일은 매우 안타까운 이야기다. 뿐만 아니라 인원 보충에 성공한 경쟁 기업에 추월당하여 고객을 빼앗길 우려도 있다. 이러한 기회 손실을 피하려면 인사부문이 제대로 사내의 실태를 파악해 둘 필요가 있는 것이다.

2) 매출에 대한 수익과 비용을 계산한다.

같은 업종의 다른 회사 결산서를 구한 다음, 매출에 대한 인건비 비율이나 1인당 인건비 등을 자사의 결산서와 비교하여 적정 인원수나 적정 급여수준을 얻어내는 것이다. 동종 타사와 비교해서 사원수가 극단적으로 많고 그에 대한 명확한 이유가 없다면, 어디선가 인원이 불어났을 가능성이 있다.

물론, 사원수뿐만 아니라 사원의 질도 동시에 향상시키지 않으면 안 된다. 우수한 인재가 우량기업의 토대가 되기 때문에, 1인당 매출액이나 1인당 총이익으로 사원의 회사에 대한 공헌도를 계산하는 것도 유용하다. 또한, 합리적인 이유 없이 1인당 인건비가 너무 많다면 급여수준을 재검토할 필요가 있을 것이고, 반대로 너무 적다면 사원의 이직 요인으로 이어지기 때문에 상여금으로 보답하는 등의 개선이 필요하다.

높은 급여의 사원을 중견으로 채용하기 앞서서 기존 인원에 대한 교육 연수 등으로 인재 육성을 통해 전체의 인건비를 줄이는 방법도 있다. 예를 들어서 실무 경험이 있는 중견사원에 의존하지 않고 아무것도 모르는 신입사원을 처음부터 길러내어 전체 인건비를 낮추고 높은 수익력을 실현할 수도 있다.

3) 인사부문이야말로 회계 지식이 필요하다.

소극적인 인사부라면 대응력이 늦어져 타사에 뒤처지게 된다. 왜냐하면 정부의 임금 인상 요청이나 근무 방식의 개혁 추진, 그리고 국가가 정하는 최저임금의 가속적인 상승 등 인사부문이 고려하지 않으면 안 되는 일들이 늘어나기 때문이다.

이러한 경제 전체의 움직임과 결산서에 바탕을 둔 중기 경영계획을 충분히 이해한 후에, 적절한 인사 전략을 능동적으로 추진해 나가는 것이 인사부에 요구된다.

6. 구매부의 경우

1) 가격 교섭에는 세심한 배려가 필요하다.

구매부에서 원가절감을 위해서 구입업체에게 '가격을 내려 주세요.'라고 요청하더라도 그쪽에서도 이익을 사수하려고 할 것이다. 그러면 어떻게 해야 상대방이 가격을 인하해 줄까?

상대방이 '이쪽도 어렵거든요.'라고 하면 할 말이 없어져 버린다. 또한 구매자의 입장을 이용해서 '가격을 내리지 않으면 댁과의 거래를 끊겠다.'고 협박을 하거나 '가격을 깎아주면 거래 규모를 확대하겠다.'고 미끼를 다는 일은 하지 말자. 상대방과의 관계가 틀어지면서 원한을 남기게 된다.

2) 가격 교섭에서 결산서를 유효하게 활용하자.

우선은 유사한 상품이나 서비스를 제공하고 있는 기업의 결산서를 2~3개 선정한다. 그리고 그 회사의 매출액과 매출총이익을 보고 얼마만큼 이익을 더 내고 있는지 파악하는 것이다. 결산서를 사용하여 스마트하게 협상에 임해 보자.

3) 매출총이익율을 산출하면 비교 가능하다.

매출총이익율을 비교하면 대략 어느 정도까지 가격을 내릴 여지가 있는지 알 수 있기 때문에 실제 인하할 가능성을 보고 가격 교섭에 임할 수 있다. 상대방도 숫자를 바탕으로 논리적으로 타당한 가격 인하를 요청받는다면 함부로 뿌리치지는 못하는 법이다. 물론, 타사와의 품질 차이를 내세울 수도 있지만, 타사에 비해 높은 이익을 올리고 있는 경우에는 가격 인하에 대응하기 쉬워질 것이다.

7. 생산부의 경우

1) 생산부는 매출원가를 피할 수 없다.

제조업에서 매출원가란 제품을 제조하기 위해 드는 비용을 말한다. 즉, 제품을 만드는데 필요한 원재료는 물론, 실제로 제조라인에 서서 작업하고 있는 직원의 급여(노무비)도 포함된다. 게다가, 제조하기 위한 기계장치나 건물의 감가상각비, 기계를 가동하기 위한 전기요금도 매출원가로 포함된다.

매출원가가 많이 들면 매출액에서 차감하여 산출하는 매출총이익이 줄어든다. 매출총이익이 적으면 그 뒤를 잇는 영업이익이 더 커지기는 어렵기 때문에, 매출총이익을 높이는 것은 회사의 수익력을 강화시키는 데에 필수적이다. 이를 위해 중요한 역할을 하는 것이 제조부서라고 해도 과언이 아니다.

만약에 원재료를 낭비하거나 불량품을 대량으로 내버렸다면 매출원가가 너무 늘어나서 매출총이익이 깎이게 된다. 반대로, 생산효율을 높일 수 있도록 공장 가동방식을 재검토하거나 지금까지 폐기하고 있던 원재료의 손실을 재활용하게 되면 매출원가의 절감으로 이어지고 매출총이익을 늘릴 수 있다. 만드는 제품에 따라 다르지만, 대량생산에 필요한 부품 1개당 원가가 1원이라도 낮아진다면 그만큼 회사 전체에 커다란 이익을 가져다 줄 수도 있는 것이다.

2) 현장이 결산서를 읽을 수 있어야만 가능한 이익 공헌

원가절감은 제조 현장을 모르면 적용이 불가능하다. 제조부문의 현장 수준에서 매일 매일의 노력과 창의적인 아이디어가 있어야 비로소 이뤄질 수 있다. 그렇기 때문에 우선은 자사의 비용 구조가 어떻게 되어 있는지를 파악하는 것이 원가절감의 첫걸음이 된다.

매출원가의 내용으로 제조원가명세서를 공시하고 있는 기업이라면 도움이 된다. 어떠한 비용의 비중이 큰지, 동업 타사와 비교해서 특별히 많이 들어가는 비용이 있는지 여부를 판별할 수 있기 때문이다. 그런 다음, 삭감이 가능한 비용 항목에 집중해서 구체적인 절감 방안을 짜서 실행에 옮기는 것이다. 대량생산을 하고 있는 제품이라면 약간의 절감만으로도 놀라울 정도의 효과를 볼 수 있다.

3) 적절한 설비투자를 고려할 수 있다.

또한 설비의 교체나 기계 보수 등에도 회계 지식은 불가결하다. 설비투자는 대개 고액의 지출이 수반된다. 이후에 감가상각 처리를 통해서 비용으로 처리되는 것이 회계의 메카니즘이다. 이 점을 이해한 후에 설비를 교체함으로써 얻는 생산 효율과 늘어나는 감가상각비를 비교 분석해서 정말로 교체가 필요한 것인지를 숙고해 보는 것이 좋다.

결산서나 감가상각비를 이해하지 못하는 현장에 권한을 위임한 결과, 무분별한 설비투자가 축적되어 이익률 저하에 빠지는 경우가 다수 있다. 이러한 제조부서는 경영층으로부터의 신뢰를 잃고 현장 수준의 재량이나 권한이 박탈될 운명에 처할 수 있음을 특히 주의하여야 한다.

8. 연구개발부의 경우

1) 연구개발부도 결산서와 무관할 수 없다.

연구개발부는 연구실에 틀어박혀 오로지 실험을 반복하고 있으므로 이를 성역으로 간주하는 듯하다. 연구개발의 결과로 새로운 상품이 만들어지고, 제조 공정을 거쳐서 고객에게 판매하여 이익을 벌어들이게 된다. 아무리 기능적으로 뛰어난 상품이라고 해도 시장의 수요(needs)에 맞지 않는 상품을 개발해서는 전혀 이득이 되지 않는다.

연구개발 기간은 통상 장기에 걸치지만, 중장기적으로 들어가는 비용 이상의 return(회수되는 수익)이 없으면 연구개발 부서의 존재 의의가 없어져 버리는 것이다.

2) 이익과의 연결을 생각하도록 한다.

연구개발에 소요된 비용은 기본적으로 손익계산서의 [판매비 및 일반관리비]에 계상된다. 그리고 연구개발을 위해 사용한 현금은 현금흐름표에 [영업활동에 의한 현금흐름]의 감소(-)가 된다. 예를 들어 매출액 대비 연구개발비의 비율을 결산서에서 산출하여 시계열로 나열함으로써 매출액에 공헌하고 있는지 여부를 확인하는 것이 좋다. 또한 동종 타 회사와 비교해서 매출액에 대한 연구개발비의 비중이 극단적으로 적다면, 이 숫자를 근거로 연구개발비 예산을 늘려달라고 회사에 요청할 수 있게 된다. 또한 연구개발의 방향성에 대해서는 막연히 불만을 안은 채 중단하는 것과 회사의 재무상황을 이해한 뒤 중단하는 것과는, 결과는 같지만 겪게 되는 스트레스는 크게 다를 것이다.

결산서를 알고 상황에 현명하게 대처한 사례[8]

1. 외상 대금 지급기한 연장으로 대손을 당할 뻔한 사례

> [무대]
> 식자재 제조회사인 A회사의 주 고객은 식품 가공 제조업자인 만나식품이다.
>
> [등장인물]
> 김 과장: 입사 8년차 영업부 과장으로, 영업 연구에 여념이 없다.
> 이 과장: 입사 7년차 영업부 과장이다. 김 과장이 OJT교육을 지도했던 후배인데, 요즘
>   에는 약간 우쭐해지곤 한다.
> 강 부장: A회사의 영업부장. 고객 제일주의와 매출 지상주의를 모토로 일하고 있다.

거래처인 만나식품으로부터 대금 지급 기한을 연장해 달라는 의뢰가 있었던 것은 지난 달의 일이다. 만나식품은 대형 가공식품 업체로서 우리 A회사와는 오랫동안 거래를 해왔다. 김 과장은 만나식품은 주요한 고객이니까 '그 요구에 응해 볼까'하는 생각도 해보았으나, 결국 그 요청을 거절하기로 했다.

그 후 어느날, 만나식품으로부터 A회사 영업부장인 강 부장에게 전화가 걸려왔다. 김 과장은 얼핏 들었지만 무슨 용건인지 쉽게 짐작이 갔다. 전화를 끊자, 강 부장은 바로 김 과장을 불렀다.

「김 과장, 요새 만나식품과 무슨 일 있었나?」

김 과장은 강 부장으로부터 고객을 등한시했다는 질책을 받았다. 김 과장은 자신의 결정에 대해 재차 설명을 했지만, 강 부장의 분노는 쉽사리 가라앉지 않았다.

「만나식품은 우리 회사의 단골손님이야. 당장 신뢰를 잃으면 이번 기

---

8) 「결산서를 읽는 방법, 활용 방법」, 가와구치 히로유키, 전게서, p.117 이후의 사례를 재편집함.

(期)의 매출목표가 위험해지지. 신뢰 회복을 위해 담당자를 변경하여야겠어! 이 과장에게 자네의 업무를 인계하라고. 알겠나?」

이 과장은 김 과장의 1년 후배이지만 부장으로부터의 평판도 좋고 영업 성적도 좋았다. 만나식품을 담당하는 직원이 이 과장으로 바뀐 지 몇 개월이 지났다. 만나식품에 대한 매출은 역시 순조롭게 늘어났다. A 회사의 고객별 매출 순위에서도 만나식품은 상위를 점하였다. 주변에서는 영업 이 과장을 칭찬하며, 차장으로의 승진도 의심할 바 없다는 분위기이다.

그러나 뜻밖에「만나식품이 부도가 난다.」는 보고가 날아들었다. 부도가 나면 사실상 도산이다. 전화를 걸어도 통화중이라 도무지 연결이 되지 않았다. 그쪽의 담당자 휴대전화도 연결되지 않았다. A회사 내에 긴장감이 감돌았다.

「이봐! 이 과장, 어떻게 된 거야. 만나식품이 부도가 났다는데 예상하지 못했던 거야? 재무 내용은 제대로 체크하고 있었나?」

「그건 얼마 전에 부장님이 좋다고 하시기에~~」

「외상값을 못 건지면 큰 손해가 난다구!」

더 이상 영업부 내에서 끝낼 수 있는 이야기가 아니었다. 경영진에게도 이 건이 보고되었다.

만나식품은 법적인 파산 절차에 들어갔다. 그러나 다행히도 A회사로서는 초동 대처가 빨랐기 때문에 외상매출금의 80%까지 회수할 수 있었다. 나머지 20% 정도는 손해를 입었지만, 그 정도로 끝난 것은 행운인데, 김 과장이 다른 회사보다 빨리 만나식품의 경영 부진 정보를 입수한 덕분에 타사보다 빨리 외상매출금을 회수할 수 있었던 것이다.

그러면 왜 매출이 늘고 있던 만나식품이 파탄 났을까? 그 경위는 이렇다. 만나식품은 매출 성장을 중시하는 사장의 방침에 따라 가격 인하나 판촉비 등의 비용을 들여서 매출액을 지탱하고 있었다. 그러니까 매출의 증가에 비해서 실제의 경영이익은 부진했던 것이다. 또한 신규 고객의 개척에 적극적인 나머지, 대금의 회수까지는 신경을 못 써서 자금 융통이 서서히 악화되고 있었던 것이다. 만나식품의 현금흐름표를 보면 현금 잔고가 감소하고 있어 은행 차입 등으로 겨우 꾸려 나가는 상황이었다.

만나식품은 자금사정 개선을 위하여 우리 회사를 포함한 여러 매입업자에게 지불기한의 연장을 요청하고 지불시기를 늦추려는 움직임을 보였던 것이다.

▶ 회계 시사점

강 부장은 사장 등 경영진으로부터 호된 꾸중을 들었다. 재무회계에 관한 지식이 없는 것이 경영진에게 들통 나 버렸으므로 강 부장도 설 자리가 없었다. 회사로서는 사원의 재무회계에 관한 지식이 부족하다는 것이 처음으로 드러난 결과가 되었기 때문에 사장의 제안에 따라 영업부 전직원에게 결산서를 읽는 방법에 대해 연수를 받도록 하였다. 물론, 강 부장도 30대 젊은 영업 담당자와 섞여서 연수를 받게 되었다. 연수 후에 행해지는 테스트에서 점수가 나쁘면 부장에서 강등이 될 것이다. 그런 점도 있고 해서 강 부장은 필사적으로 공부하고 있다.

강 부장과 이 과장은 매출과 이익 개념을 잘 알고 있었지만, 재무적인 안전성을 체크하는 시각이 부족했다. 실적이 좋은 것과 재무적으로 안전한 것과는 별개의 이야기이다. 실제로, 매출액이 증가하고 있는데 도산하는 사례도 많다. ♣

2. 불량 공구의 할인 판매로 부실 위험에서 탈출한 사례

[무대]
전국적인 공구 점포망을 운영하고 있는 B공구 제조업체는 업적은 좋으나 불량 재고의 과제를 지니고 있다. 사장은 평소 숫자에 관심을 기울이라고 직원에게 주지시켜 왔다.

[등장인물]
홍 대리: 공구 매장 담당. 입사 4년째로서 대학생 시절 회계학을 배웠다.
오 대리점장: 홍 대리의 상사인 대리점장으로서 온화하고 상냥한 인물이다.
권 본부장: 충청도 권역의 공구 대리점을 총괄하는 지역 본부장으로서, 산하 대리점들
　　　　　을 엄격하게 통할하고 있다.

　전동 공구는 높은 가격에 이익률도 좋은 상품이다. 본부에서는 판매 촉진을 위해 점포 내에 견본용 전동 공구를 전시하고 손님에게 사용해 보도록 권장하는 시책을 운영하고 있다. 그러나 여러 번 사용한 전동 공구에 흠집이 생기면서 손님에게 보여주기가 어려운 것들은 물품 창고에 넣어 두곤 하였다. 더구나 충청권 지역을 총괄하는 권 본부장이 전시 견본 공구의 할인 판매를 인정하지 않는 방침이기 때문에 전시품들이 차곡차곡 쌓여갔던 것이다.

「할인해서 팝시다.」

　골판지 상자에 아무렇게나 넣어진 많은 전동공구를 보면서 홍 대리가 대리점장에게 말했다.

「할인 판매를 하지 말라는 본부장님의 지시가 있었는데 할인해도 괜찮을까?」

「저한테 맡기세요.」

　다음 날부터 불량재고 가격 인하 세일이 시작되었다. 비록 흠집이 있긴 하지만, 비싼 전동공구를 저렴한 가격으로 살 수 있어서 그런지 날개 돋친 듯이 팔려 나갔다. 그 결과 불량재고는 1개월 만에 매진되었다.

다음 분기에 정례 업적보고회 참석을 위하여 오 대리점장과 홍 대리 등은 본사로 향했다.

「다음, 오 대리점장 보고하세요.」

사장의 목소리가 회의실에 울려 퍼졌다.

「지난 달의 매출은 전년 동기에 대비하여 3% 상승하였고 이익은~ 이익은~ 부득이하게 적자가 났습니다. 그 원인은 전동공구 판매에 있어서 할인 판매를 하였기 때문입니다.」

오 대리점장이 겨우 거기까지 말했는데 지역 본부장이 끼어들었다.

「할인 세일은 제 지시가 아닙니다. 오 지점장의 단독 행동입니다.」

자신에게 불똥이 튈 것 같아 책임을 회피하려는 것 같았다.

「왜 할인 세일을 했나?」

사장의 질문에 뒷자리에 앉아 있던 홍 대리가 갑자기 일어섰다.

「실례하겠습니다. 이 건에 대해 발언해도 될까요?」

「저는 오 점장님 밑에서 일하는 홍 대리라고 합니다. 사실 전동공구의 할인 세일을 제안한 것은 접니다. 그 이유를 설명드리겠습니다.」

「사실 저희 가게에서 대량의 불량 전동공구가 재고로 쌓여 있었습니다. 그런데 이것들을 재고로 가지고 있는 한에는 손익계산서에 아무런 영향을 주지 않지요. 손실을 계상하지 않고 있으면 겉으로는 점포의 실적이 좋게 보일 수 있습니다.

정가로는 팔 수 없는 전동공구를 버리게 되면 손실로 손익계산서에 적어야 합니다. 그래서 저는 할인 세일을 하게 된 것입니다. 그러한 손실 감수를 미리 정리하지 않는 한, 자금사정은 전혀 개선되지 않을 것으로 생각되었기 때문입니다.」

한동안 지속된 침묵을 깬 것은 사장이었다.

「홍 대리가 잘 파악했구나. 이제부터 각 대리점은 정가로 팔리지 않는 상품이 있다면 반값으로 처분하세요. 이를 그대로 놓아두면 경영 판단을 그르치게 합니다. 향후에는 불량재고를 일절 금지합니다.」

사장의 지시 하에 전사의 불량재고는 사라지게 된 반면, 회사의 업적이 대폭 하향되었다. 그러나 다음 해에는 이익이 V자 회복을 이루었다.

▶ 회계 시사점

상품의 구입가격은 매출원가로 손익계산서 비용으로 계상되지만 그것은 해당 상품이 판매되었을 경우에 해당된다. 팔다 남은 상품은 재무상태표에 재고자산으로 계속 남아있는 것이다.

통상적으로는 가치가 하락한 상품에 대해서는 평가손실을 계상하지만, B회사에서는 제대로 된 재고 평가를 하지 않는 것이 맹점이었다.

불량 재고를 방치하다보면 재무상태표에 계상되는 재고자산이 늘어나는 만큼 자금이 잠식되기 때문에 최악의 경우에는 흑자 도산이 될 수도 있다. ♣

3. 현금흐름표를 분석하여 수주에 성공한 사례

[무대]
인터넷 전산 시스템 개발회사인 C 대박 Solutions의 주된 고객은 상장기업이다. 고객의 요청에 따라 다양한 시스템을 개발하고 있는데, 경쟁사들의 경쟁은 얼마나 많이 수주할 수 있느냐에 따라 장래가 좌우된다.

[등장인물]
최 실장: C 대박 솔루션즈의 시스템 엔지니어로 회계 감각이 뛰어난 관리직 여성이다.
우 차장: C 대박 솔루션즈의 영업부 직원. 실질적으로는 최 실장의 부하이다.
임 팀장: 전에 C 대박 솔루션즈에서 근무하였으나, 최근 경쟁 회사인 천지인 컨설팅에 의해 발탁되었다.

이번 수주 건은 현소 홀딩스 그룹의 인터넷 통신판매(EC) 시스템을 구축하는 것이다. 소문에 의하면 지금까지 외부의 플랫폼을 사용하여 인터넷 판매를 하고 있었으나, 사업 규모가 확대됨에 따라 독자적인 EC 시스템을 구축하여 직접 판매할 필요성을 느끼고 있다고 한다.

「이렇게 높은 견적 금액으로 정말 괜찮을까요? 값을 조금 더 내리는 것이 좋지 않을까요?」

현소 그룹에 가려고 택시를 타면서 우 차장이 최 실장에게 물었다.

「괜찮아. 나에게 맡겨! 이번에 꼭 수주하고 말테니까.」

현소그룹에서 관리부장을 만난 최 실장이 자료를 풀어서 설명했지만, 관리부장은 건네받은 자료를 건성으로 보는 것 같았다. 최 실장의 말을 한 귀로 듣고 한 귀로 흘려보내는 듯하였다.

「자, 여기서 부터가 본론입니다. 귀 회사의 매출은 일정한 규모를 넘어서 순풍을 맞이하는 것처럼 보이지만 실제로는 수익력이 침체되어 고민을 하지는 않으신지요? 제가 알아본 바로는 동종의 다른 회사에 비해 5% 포인트 정도 영업이익률이 낮은 상태를 지속하는 것으로 보입니다.」

「이번 통신판매 시스템 도입의 목적은 규모의 확대라고 하지만, 수익력을 강화하고 싶다는 의도가 더 크다고 생각됩니다. 지금까지는 외부의 플랫폼(platform)을 사용하는 중개수수료로 매출의 30% 정도를 지불하였을 것으로 생각됩니다.」

그 순간, 관리부장의 눈이 휘둥그레졌다. 조금 전까지 못마땅한 기색이 아니라 매우 놀란 기색이었다.

「이번 우리 C회사에서 견적을 낸 금액은 타사보다는 비쌀지도 모릅니다만, 그 금액은 회계상 무형고정자산으로 내용연수 5년으로 할 경우 연간 상각비가 이익에 미치는 영향은 1/5에 그칠 겁니다. 연간으로 보면 플랫폼에 빼앗기는 중개수수료에 비해 2/3 정도면 됩니다. 즉, 매출액이 그 정도 수준이라면 영업이익을 상승시킬 수 있습니다. 그렇기 때문에 귀사의 과제인 수익력의 회복은 충분합니다.」

「또한, 현금흐름 면에서도 이점이 있습니다. 이번 지출을 하게 되면 투자활동에 의한 현금흐름이 마이너스가 됩니다. 그 반면에 이제껏 걸려있던 중개수수료가 없어지기 때문에 그만큼 영업활동에 의한 현금흐름이 좋아지게 됩니다. 3년 연속으로 영업활동으로 인한 현금흐름이 줄어들었던 귀사에는 V자 회복을 이룰 수 있는 기회가 됩니다.」

관리부장은 천천히 의자를 우 차장 방향으로 돌렸다.

「그러면 귀사가 중시하고 있는 프리 현금흐름(FCF)의 고통 없이도 시스템 개발에 지불하는 시기를 조정할 수도 있습니다.」

논리가 정연한 최 실장의 프레젠테이션을 듣고, 관리부장의 태도는 시작할 때와는 확연히 달라졌다. 관리부장이 조용히 입을 열었다.

「잘 알았어요. 그러면 그 금액으로 귀 C사에 발주하겠어요.」

「예? 괜찮습니까?」

「결재를 얻어야겠지만 나에게 결정권한이 있기 때문에 결과는 같아요. 이왕 할 바에는 빠를수록 좋습니다. 조속히 계약서에 서명합시다.

장기적인 시야에서 성공으로 이끌어주는 비즈니스 파트너는 귀사라고 봅니다. 그래서 귀사에게 정식으로 일을 의뢰하려고 하는 거지요.」

이 말에 최 실장은 빙긋이 웃으며 밝은 목소리로 대답했다.

「현소 그룹의 과제를 해결하는 솔루션은 우리 C회사에 있습니다. 그래서 오늘 제안을 드리려고 찾아 뵌 것입니다. 곧 프로젝트의 개시 절차를 밟겠습니다.」

▶ 회계 시사점

최 실장은 현소 홀딩스 그룹의 경영 과제를 결산서에서 간파하고 훌륭하게 고객의 신뢰를 얻었다. 먼저, 손익계산서의 추이를 분석하여 같은 업종의 다른 회사와 비교함으로써 수익력이 낮다는 것을 파악했다.

또한 시스템 투자는 무형고정자산으로 회계처리되어 감가상각을 통하여 점차 비용으로 처리된다는 것도 알고 있었다. 덧붙여서, 내용연수는 5년이라 매년 손익에 미치는 영향을 추산하여 현소 그룹이 신경 쓰고 있는 영업이익율 저하에 큰 영향을 미치지는 않는다는 것도 설명했다.

더 나아가, 현소 그룹이 지니고 있는 예산 범위도 현금흐름표에서 추정하였다. 그렇기 때문에 견적액을 제시하는데 있어서도 자신 있게 말할 수 있었던 것이다. ♣

4. 판매 가격 인하 등 역발상을 통해 사업부를 회생한 사례

[무대]
D 회사는 중견 정밀기계 제조업으로 예전에는 업적이 좋았으나, 경쟁회사의 가격 공략에 밀려 고전하고 있다. 사장은 다각화 사업의 선택과 집중이 필요함을 느끼고 있다.

[등장인물]
황 실장: 경영기획부 소속. 냉정하고 침착하지만 동료를 생각하는 분석가이다.
채 사업부장: 제3사업부장. 황 실장과 동기이며 고속 승진을 한 젊은 리더이다.
공 사업부장: 제1사업부장. 나이 지긋한 베테랑 사원으로서, 젊은 나이에 자신과 동등한 위치에 오른 채 부장을 달가워하지 않고 있다.

「연말까지 유예한다. 그러나 그때까지 이익 성과가 나오지 않으면 제3사업부는 해체다. 알았지?」

경영회의에서 나온 사장의 말에 제3 사업부의 채 부장은 숨을 삼켰다. 제3 사업부를 맡게 된 채 부장은 뛰어난 리더십을 발휘하여 사업부의 재건을 도모하여 왔으나, 아무리 힘을 쏟아 부어도 제3 사업부의 업적은 향상되지 않았고 이번에 여러 사업부 중에서 가장 수익력이 낮은 부서로 전락하고 말았다. 마침내 오늘 경영회의에서 사장으로부터 최후 통첩을 받는 형국이 되어 버린 것이다.

경영기획부 황 실장이 보기에는 현장에 가면 상황을 타파할 힌트가 숨어있을 것 같았다.

「그러면, 채 사업부장, 공장을 구경시켜줄 수 있겠나?」

다음 날, 두 사람은 교외에 위치한 제3 사업부 공장으로 향했다.

「이 설비는 채 사업부장님이 취임하기 전에 도입했습니다. 전임 사업부장이 새 것을 좋아하셔서요. 기존보다 2배의 생산 능력이 있다고 하지만, 사실 그런 고급스러운 설비는 필요가 없습니다.」 공장장의 설명이었다.

「그렇습니까? 그렇다면 이 기계는 오래 사용할 수 있나요?」

「법정 내용연수로는 앞으로 4년 밖에 남지 않았지만, 가동률이 낮고 한가한 때 유지보수도 자주 하고 있으니 앞으로 6년은 더 쓸 수 있지 않을까요.」

다음날, 채 부장은 제3 사업부의 가격인하를 단행하였다. 물론 황 실장의 제안을 받아서 한 것이다. 가격 인하 후에는 그 효과가 즉각적으로 작용하여 계속적으로 고객을 동 업종의 다른 회사에서 뺏어왔다. 가격이 걸림돌이 되어 왔기 때문이다. 판매 계획이 실행된 결과 생산 조정을 해제하고 공장이 풀가동되었다.

그로부터 3개월 후의 경영회의는 그 해의 마지막 회의였다. 즉, 채 사업부장이 이끄는 제3 사업부의 운명이 이 날에 좌우되는 것이다.

「채 사업부장, 설명해 줄래요?」

사장은 조용히 채 부장을 재촉했다.

「저희 사업부에서는 최근 제조원가 인하에 고심하였습니다. 특히 제조원가 중에서도 인건비와 감가상각비가 큰 비중을 차지하고 있습니다. 제조원가가 좀처럼 내려가지 않아서 판매가격을 내리는 것이 어렵고, 가격경쟁에서 다른 경쟁사에게 계속 뒤처지고 있는 실정이었습니다. 게다가 공장의 가동율이 낮아지는 악순환에 빠져 있었습니다. 이 상황을 타개하기 위해 역발상을 한 것이 이번에 좋은 결과로 나타나게 된 것입니다.」

「역발상이라고?」

사장이 의아한 눈빛을 채 부장에게 보냈다.

「바로, 이런 겁니다. 인건비도 감가상각비도 매번 반드시 발생하는 비용입니다. 그 상황에서 제조수량이 감소하면 제품 1개당 인건비나 감가상각비가 증가하여 제조원가도 점점 상승하게 됩니다. 그래서 큰맘 먹고 판매가격을 내렸습니다. 다른 경쟁사에게 뒤졌던 것도 가격이었기 때문에 이로 인해 점유율을 뺏어와 판매수가 증가하였고 공장의 가동율이 상승하였습니다. 제조량이 증가함에 따라 제품 1개당 인건비와 감가상각비가 감소하고 판매가격의 인하 이상으로 비용 절감이 이루어진 셈입니다.」

「그렇군, 그렇구만…….」

사장의 안색이 서서히 밝아지는 것이 분명하게 보였다.

채 부장이 이야기를 계속했다.

「사장님, 그 뿐만이 아닙니다. 저희 사업부의 제조설비는 처음 견적한 그 이상으로 오래 사용할 수 있다는 점이 조사 결과 판명되었습니다. 그렇기 때문에 내용연수를 변경하여 1년분의 감가상각비를 적게 처리함으로써 비용을 억제할 수 있었습니다. 그 결과도 이번 이익 증가표에 나타나고 있습니다.

이때 제1 사업부장이 언성을 높이며 끼어들었다.

「그건 불법이 아닌가? 내용연수를 변경한다는 건을 듣지 못했는데.」

「부정이 아닙니다.」

황 실장이 여기에 끼어들었다.

「실정에 맞추어 내용연수를 변경할 수 있다는 것은 회계기준에 명기되어 있구요, 다른 회사에서도 일반적으로 실시하고 있는 것입니다. 이건은 경리부에서도 확인을 하였구요, 회계감사 법인에도 사전에 양해를 구한 바가 있습니다.」

잠시 침묵이 흐른 뒤, 사장은 천천히 입을 열었다.

「채 부장, 잘했군. 제3 사업부는 계속 존치합니다. 그리고 자네와 같은 센스와 숫자를 보는 눈이 있다면 좀 더 큰 조직을 맡아도 문제없을 것 같네.」

그 모습을 쳐다본 황 실장은 천천히 고개를 끄덕였다.

▶ 회계 시사점

현장을 잘 아는 채 사업부장과 회계를 잘 아는 황 실장이 결합하여 낳은 좋은 결과라고 할 수 있다. 공장의 가동율이 떨어진 결과, 제품 한 단위당 제조원가가 오르는 것은 흔히 있는 일이다. 판매가격을 인하함에 따라 수주를 늘리고 가동율을 높일 수 있었다.

또한 내용연수를 늘리게 되면 감가상각비가 줄어든다는 관계를 알고 있었기 때문에 내용연수 변경이라는 아이디어가 나왔을 것이다. 감가상각은 일정한 관점에 기초하여 배분하는 수치에 불과하다는 것을 잊어서는 안 된다. 세법상의 내용연수는 관행적으로 사용되지만, 절대적인 것은 아니다. 물론 변경할만한 근거가 있어야 하므로 제조현장을 이해하고 있지 않다면 실현할 수 없다. ♣

5. 인력 및 업무의 효율성 증진으로 원가 절감한 사례

> [무대]
> 중견 의약품을 도매하는 E 회사는 비용 절감을 위해 매우 고민하고 있다.
>
> [등장인물]
> 정 대리: 인사부 소속의 여직원으로 정의감이 강하다.
> 손 부장: 인사부장으로 냉정한 얼굴이나 내면은 따스한 상사다.
> 강 부장: 용인 본부의 경리부장이다.

E 회사의 경리부는 본점인 대전과 용인의 두 곳으로 거점이 나뉘어 있다. 제약회사가 많이 포진하고 있는 용인에서 시작된 회사이므로, 등기상의 본사는 용인인데 실질적인 본사 기능은 고객이 많은 대전으로 이동한 상태였다. 용인 사업본부의 강 경리부장이 본점 인사부 정 대리와 마주 앉았다.

「전화로 말씀드린 대로, 이달 말에 우리 부서에서 퇴직자가 나와요. 보충하지 않으면 일이 돌아가지 않아요.」

정 대리의 보고를 들은 인사부장은 고민하는 모습이다.

「일단, 우리 결산서를 업계의 다른 회사와 비교하여 보고, 다른 업종과도 비교해 봅시다. 그렇게 하면 뭔가 보이는 게 있을 겁니다.」

정 대리는 경쟁기업 2개 회사는 물론 다른 업종의 회사 두 곳을 분석하였다. 이렇게 해서 모두 5개 회사의 결산서가 책상 위에 올려졌다. 비슷하게 보이지만, 차이는 확연히 드러났다. 의약품을 도매하는 E 회사와 동업의 2개 회사의 총이익률은 모두 10% 전후이고 영업이익율은 1%대였다. 그런데 다른 업종의 손익계산서를 보면 총이익률은 30~50%, 영업이익률은 4~8%이었다.

결국 정 대리는 용인에 출장을 가서 세부사정을 알아보기로 했다. 겉으로는 '경리 인재 모집을 지원하는' 것이지만, 이면의 의도는 용인 경리부에 대한 실태조사였다.

「……그러면, 빈자리는 언제까지 채용하면 좋을까요?」

「다음 달에 한 사람이 그만두게 되는데 최악의 경우 결산시기까지 보충할 수 있으면 좋을 것 같습니다. 그러나 직장에 익숙해질 필요가 있으므로 가능하면 결산 1개월 전 정도가 좋겠습니다.」

「잘 알겠습니다. 그런데 매월 업무에 시간이 걸리는 것은 무엇인가요?」

「매 월별로 월차 결산 후에 작성하고 있는 지역 업적보고서 건입니다. 그것을 경영기획부에 월차 결산과 함께 제출하도록 하는 것이 비공식적인 관례가 되어 있습니다.」

필요한 정보 수집을 마친 정 대리는 조사결과를 인사부장에게 보고했다. 그 이후, 인사부장으로부터 관리본부장에게까지 이야기가 전해졌다.

다음 주, 관리본부장에 의해 긴급회의가 소집되었다.

「조속히 본론으로 들어가서 결론부터 말하겠습니다. 업무의 합리화를 위해 용인 경리부의 중도채용은 당분간 동결하는 방향으로 진행하려고 생각합니다. 당초에는 사원 1명을 채용할 예정이었습니다. 그러나 모집 준비를 하던 가운데 여러가지 사실이 드러났지요. 우선, 경리부는 결산시기에는 부족하지만, 그 이외의 시간은 기존 인원으로도 충분히 운영이 가능하다는 현장 사원의 의견이 있었어요. 따라서 결산 시기에만 한시적으로 인원을 보강하겠습니다.」

「아니, 하지만, 결산업무는 전문성이 높거든요. 그러니까 그때만 파견사원이나 아르바이트를 투입한다 해도 무리일 텐데요.」

「그 점에 대해서는 걱정하지 않아도 됩니다. 회계의 전문가에게 결산 시기에만 상주하여 결산 지원 서비스를 하려고 해요. 사원 한 사람을 뽑는 것보다 오히려 총 비용은 낮아져요.」

「하지만 매월 지역의 업적보고서를 작성하지 않으면 안 되는데 결산 이외의 시간에도 역시 직원이 필요하다고 생각합니다만……」

관리본부장은 말을 이어갔다.

「그것에 대해서도 문제가 없어요. 경영기획부에 확인해 보니 지금은 그 보고서를 참고 정도로만 보고 있어서 폐지해도 큰 불편함이 없다고 해요.」

「예, 그렇죠. 확실히 업무량이 줄어든다면 인원 보충은 필요가 없습니다.」 용인 사업본부의 강 부장은 이제 수긍하는 모습이었다.

▶ 회계 시사점

결산서를 업종별로 조사하도록 한 인사부장의 번쩍이는 통찰력이 주효하였다. 이번 사례는 자사와 동 업종, 그리고 다른 업종간의 결산서를 비교함으로써 자기 업종의 이익률이 극단적으로 낮다는 구조적인 문제가 부각되었다.

또한 사내 연수를 기획할 때에도 결산서에 대한 지식이 필요하다. 따라서 전 직원에 대한 회계 교육을 실시할 필요가 있다. 회사는 영리법인이기 때문에 연수 주제는 어떤 것이 되더라도 그 목표는 회사의 실적(매출 및 이익)을 향상시키는 것이어야 한다. ♣

6. 영업부 박 과장의 주식투자 성공 사례

회계에 눈을 뜬 박 과장은 드디어 주식 시장에도 경험을 해 보기로 했다. 그간 아내의 주식투자로 버린 돈도 대충 들어보니 적은 돈이 아니었다. 그렇다고 박 과장이 가지고 있는 여유 자금을 몰빵할 사람도 아니다. 회사를 다니면서 자산 포토폴리오의 중요성에 대하여 수없이 들었기 때문이다.

[등장인물]
박 과장: 영업부 과장으로 입사 8년차. 회사의 짱으로 통하나 주식투자는 처음이다.
여 팀장: 경영학과 출신 K증권회사 여성팀장으로, 탁월한 시장 감각을 갖추었으며 냉철한 이성과 감성을 두루 겸비한 인재로 인정받고 있다.

행복주식회사의 영업부 박 과장은 회계를 배우고 나니 주식투자의 기본에 대해서도 알 것 같았다. 주식도 상품이므로 수요와 공급의 법칙이 작동하지만, 주식이란 특수성 때문에 다양한 회계 지표를 고려해야 한다는 것이다. 그러다 보니 큰돈은 아니지만 지금까지 아내가 회계를 모른 채 친구나 증권사 영업직원의 말만 믿고 따라 하다가 날린 돈을 생각하며 본인이 직접 도전해 보고 싶었다.

박 과장은 증권사 문턱에 찾아가기 전에 선배로부터 배운 회계 내용 중 제7장 〈재무 분석과 기업가치 평가〉를 다시 살펴보았다. ROE, EPS, PER, PBR 등 투자 판단에 기준이 되는 다양한 지표와 함께 선배 공인회계사의 말씀이 새록새록 생각난다.

"아마도 종목선정에 앞서 이 지표들을 확인해 보는 것이 매우 중요할 것이야."

드디어 월차를 받아 여유자금 5,000만 원을 들고 K증권사 강남지점을 찾았다.

객장 창구의 여직원이 웃으며 인사를 한다.

"팀장, 여연옥입니다. 무엇을 도와드릴까요?"

"주식투자는 처음입니다. 투자하기 좋은 종목을 추천받고 싶습니다."

"투자대상 기업을 고를 때는 기업의 수익성, 성장성, 안정성이라는 세 가지 측면을 고려합니다. 우선 EPS와 PER 그리고 PBR을 한번 볼까요. 참, EPS와 PER 그리고 PBR이란 무엇을 뜻하는지 아시지요?"

"잘은 모릅니다만, 대충 압니다."

여 팀장은 기업분석 자료를 보여주며 차근차근 설명을 했다.

"A회사의 EPS, 즉 주당순이익을 보면 금년도 예상 EPS가 28,000원입니다. 시장평균 PER가 10이니까 적정주가는 280,000원이 됩니다."

"주당순이익에 시장평균 PER를 곱하면 적정 주가가 된다는 뜻이군요."

박 과장은 자신도 모르게 우쭐했다.

"맞습니다. 시장평균 시세로 볼 때 A회사의 주가가 280,000원 전후에 가 있는 것이 적당한데, 지금의 시세는 220,000원에 불과합니다. 다른 기업에 비해 무척 싼 가격 아닙니까?"

"결국 PER가 낮기 때문에 가격이 싸다는 말씀이군요. 듣고 보니 매수하면 좋을 것 같습니다."

박 과장은 여 팀장이 제시한 각종 자료가 믿을 만하다고 생각되었다. 그래서 A회사의 주식을 220,000원에 220주를 매수하였다. 모두 48,400,000원이다.

그 후 어느 날, 여 팀장으로부터 연락이 왔다. A회사의 시세가 목표가격에 도달했으니 매도하는 것이 좋겠다는 전화였다.

"아니, 주가가 신나게 잘 올라가고 있는데 왜 팔라고 하지요?"

"애초에 목표가를 280,000원으로 잡지 않으셨습니까?"

박 과장은 여 팀장의 말을 듣지 않았다. 30만 원 넘어가면 그때 가서 생각해 보기로 작정하고 있었기 때문이다. 결국 그의 생각이 맞았다. A

회사의 주가는 상승을 지속하여 2달 후에 310,000원까지 올랐다. 그래도 박 과장은 매도하지 않았다. 욕심이 생긴 것이다. 그러더니 302,000원으로 하락하기 시작했다.

주가가 한참 꺾여서 마음이 심란하던 어느 날, 여 팀장으로부터 다급한 전화가 왔다.

"오늘 주가가 290,000원인데 지금이라도 매도하는 것이 좋겠습니다. 지난번 고점 31만 원은 잊어버리셔야 합니다."

"무슨 나쁜 소식이라도 있는 건가요? 그렇게 잘 오르던 주가가 왜 하락을 지속하는 거죠?"

"분기 실적이 적자로 전환될 것이라고 합니다. 해외에서 수주한 대형 프로젝트에서 적자가 났다고 하더군요."

박 과장은 내키지 않았지만 A회사의 주식을 295,000원에 매도하였다. 34%의 수익, 아니 이익을 거둔 것이다. 차액만 1,600만 원이 넘는다. 4달치 월급에 해당하는 이익을 한 순간에 벌고 나니 잠을 청하지만 오지 않는다. 그가 매도한 이후에 A회사의 주가는 그로부터 계속 하락하였다.

▶ 회계 시사점

주식의 주가 형성은 수요와 공급의 법칙이 작용하지만, 기본은 결산의 경영성적과 미래의 전망에 달려있다. ROE, EPS, PER, PBR 등 투자 판단에 기준이 되는 다양한 지표들을 배운 박 과장은 회계의 중요성에 대해 다시 한 번 더 깨닫는 계기가 되었다. ♣

STORY가 있는 회계

1. 기업 환경분석

경영의 성과를 수치로 분석하여 피드백하기 위한 단기적인 재무비율 분석도 중요하지만, 비재무적인 사항이 고려된 경영분석도 필요하다. 또한 기업은 시시각각 변하는 환경에 대응하기 위해서 중·장기적이고 거시적인 기업환경 분석도 필요하다.

1) 5 Forces 모델

마이클 포터 교수가 개발한 것으로 산업전략 분석이라고도 한다.

가) 진입 장벽

산업에 새로운 도전자들이 진입하기가 쉬운가를 통해 기업의 경쟁력을 알아볼 수 있다는 논리다.

나) 기존 산업 내의 경쟁 강도

기존 산업 내에서 경쟁이 심하면 심할수록 이익을 내기가 힘들다. 특히 가격 경쟁이 심해지면서 적자마저 감수하는 기업들이 생겨난다.

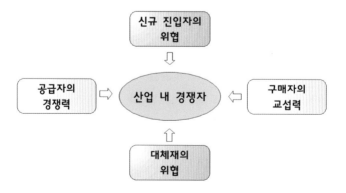

다) 대체재의 위협

제대로 된 대체재가 있다면 기존 산업뿐만 아니라 대체재 산업의 동향에 의해서도 기존 기업들이 위협을 받을 수 있다.

라) 구매자의 교섭력

공급업체가 지금 분석하려는 기업이라고 가정할 때, 구매자들의 교섭력이 강하면 강할수록 공급업체의 수익성은 나빠질 수밖에 없다.

마) 공급자의 경쟁력

기업에 제품과 서비스를 공급하는 업체들의 경쟁력이 높다면 원가 부담이 심화될 수 있어서 기업의 경쟁력은 약화된다.

2) PEST(거시 환경) 분석

PEST는 Political, Economic, Social and Technological의 약자이다. 정치, 경제, 사회, 기술의 네 가지 환경에 대한 분석을 통해 거시경제 요소와 관련된 의사결정을 내릴 수 있다. 또한 PEST에 법(Legal)과 환경(Environment) 요소를 추가하여 PESTEL, PESTLE이라고 부르기도 한다. 시장 성장과 축소, 사업 포지셔닝, 사업 방향 등을 효과적으로 찾는 도구이다.

3) SWOT 분석

기업의 내부 환경과 외부 환경을 분석하여 강점(Strength), 약점 (Weakness), 기회(Opportunity), 위협(Threats) 요인을 규정하고, 이를 토대로 경영 전략을 수립하는 모델이다. 미국의 경영 컨설턴트인 험프 리(Albert Humphrey)에 의해 고안되었다.

요인 4가지를 가로(내부 요인), 세로(외부 요인) 축에 두면 SWOT 분 석에 의한 경영전략은 4가지 유형으로 정리할 수 있다.

① SO 전략(강점을 살려 기회를 포착)

② ST 전략(강점을 살려 위협을 회피)

③ WO 전략(약점을 보완하여 기회를 포착)

④ WT 전략(약점을 보완하여 위협을 회피)

	내부적 요인	
구분	**강점 (Strengths)**	**약점 (Weaknesses)**
기회 (Opportunities)	**SO** (강점 최대화 & 기회 극대화)	**WO** (약점 최소화 & 기회 극대화)
위협 (Threats)	**ST** (강점 최대화 & 위협 최소화)	**WT** (약점 최소화 & 위협 최소화)

외부적 요인

이러한 분석을 통해 경영자는 회사가 처한 시장 상황에 대한 균형 있 는 인식을 할 수 있다.

2. 동양 최초의 공인회계사 유일한(1885~1971)

1) 공인회계사의 탄생

  회계사 제도는 영국에서 최초로 시작되었고, 영국의 국왕이 회계사로서 칙허(chartered)하였다고 하여 칙허 회계사(CA: Chartered Accountant)라고 불리게 되었다. 미국의 경우 왕이 존재하지 않으므로 공인회계사(CPA: Certified Public Accountant)로 부른다.

2) 동양 최초의 회계사

  전 재산을 사회에 환원한 것으로 유명한 유한양행의 창업자 유일한 박사는 초중고 시절 성적도 뛰어났을 뿐 아니라, 네브래스카주에서 가장 뛰어난 미식축구 선수이기도 했다.

  고등학교를 마친 유일한은 1920년 미시간대 상과를 졸업한 후 전기회사인 GE에 동양인 최초의 회계사로서 취직했다. 27세 때 숙주나물 장사를 시작, 승승장구하여 성공을 거듭한 후, 고국에 귀국하였다.

  대한상공회의소 초대 회장을 역임하였으며, 1969년 은퇴하면서 전문경영인에게 경영권을 넘겨 우리나라에 전문경영인 시대를 열었다. 유한양행 주식 40%를 공익재단에 기증, 사회에 환원하였다.

3) 우리나라의 공인회계사

  공인회계사 자격시험은 1차 시험은 객관식으로 6과목(경영학, 경제원론, 상법, 세법개론, 회계학, 영어)이고, 2차 시험은 주관식으로 5과목(세법, 재무관리, 회계감사, 원가회계, 재무회계)이다. 2021년 현재 한국공인회계사협회에 등록된 공인회계사는 약 23,000명이다. ♣

학이시습지(學而時習之)

1. 부기(簿記)는 (   )의 준말이다.

2. 결산서란 (   )들이 읽어보기 위한 것이다.

3. 결산서 활용 측면을 잘못 이해하고 있는 것은? (   )
   ① 결산서는 경리부서의 직원들만 관계되는 것이 아니다.
   ② 회계에 대하여는 전문부서가 담당하는 것이나, 다른 부서에서도 알 필요가 있다
   ③ 결산서는 정보의 보고(寶庫)이지만, 사용법을 모르면 단순한 숫자의 나열에 불과하다.
   ④ 결산서는 2년간의 경영 결과를 정리한 것이다.

4. 다음은 어느 부서와 결산서의 관계를 설명하고 있는가? (   )
   "법인간의 거래(B to B 거래)를 실시하는 기업이라면 고객사의 결산서를 바탕으로 어떤 회사인지를 조사하는 것은 수비(지킴이)와 공격의 양면에서 유효하다."
   ① 영업부   ② 경영기획부   ③ 인사부   ④구매부

5. 연구개발부에서 결산서가 필요한 이유가 아닌 것은? (   )
   ① 회사인 이상 연구개발 활동이 이익과 연계되어야 한다.
   ② 아무리 기능적으로 뛰어난 상품이라고 해도 시장 수요(needs)에 맞지 않는 상품을 개발해서는 전혀 이득이 되지 않는다.

③ 시장의 수요가 있다고 해도 고액의 비용이 드는 상품을 개발하는 것은 충분한 이익을 올리지 못하고, 최악의 경우에는 생산 중단이라고 하는 쓰라림을 당하게 된다.

④ 연구개발은 1년이라고 하는 결산기간에 성과가 요구되는 것이어야 한다.

6. 매출과 이익의 관계에서 이익이 증가했다 하더라도 재무적인 안전성과는 별개가 될 수 있다. (   )

7. 팔다 남은 불량품을 평가손을 계상하지 않고 재고로 가져간다면 손익계산서의 이익은 과대표시될 수 있다. (   )

8. 가격을 인하하더라도 판매량이 증대되면 가동률이 높아지고, 그러면 개당 고정비가 낮아져 더욱 가격 경쟁에 유리할 수 있다. (   )

9. 기업환경 분석 방법이 <u>아닌</u> 것은?
  ① 5 Forces 모델   ② SWOT 분석   ③ PEST 분석   ④ 비율 분석

10. 동양 최초의 공인회계사는?
  ① 정주영   ② 이병철   ③ 유일한   ④ 송자

[정답]
1. 장부기록   2. 이해관계자   3. ④   4. ①   5. ④   6. ○   7. ○   8. ○   9. ④   10. ③

◇ 에필로그(Epilogue)

[드디어 박 과장은 차장으로 승진했다. 이제 회계도 겁이 나지 않는다.]

성실하고 명석한 행복주식회사의 영업 담당 박 과장은 매주 2시간씩 선배 공인회계사의 지도를 받았다. 4주째가 될 무렵이었다. 아는 것만큼 보이기 시작한 것인지는 몰라도, 회계에 눈이 뜨이기 시작했다. 아침 출근길에 모 신문사의 경제란 기사가 눈에 들어오는 것이 아닌가? 올해 은행 업종의 경영실적에 대한 분석 기사인데, 대충 아래와 같은 내용이었다.

"국내 은행들이 2분기 실적을 발표하면서 당기순이익이 1조 1,000억 원으로 지난해 같은 기간(2조 1,000억원)에 비해 48%나 줄어들었다. 또한 부실채권이 늘어나면서 은행이 쌓아야 하는 대손충당금도 늘고 있다. 대손충당금은 대출을 받아간 기업이나 개인이 자금난 등으로 부실화되면 은행이 떼일 것을 대비해 쌓아두는 돈이다. 국내 은행들은 대손충당금으로 1/4, 2/4분기에 각각 2조 7,000억 원씩 모두 5조 4,000억 원을 적립했다."

"이상하네! 기사 내용의 메시지는 은행업이 어렵다고 하는 것으로 이해가 된다. 하지만 대손충당금의 설명이 내가 강조해서 배운 것과는 다르다. 그렇다고 신뢰를 생명으로 하는 신문사가 틀린 기사를 올린다는 것도 상상이 안 되고……" 사무실에 도착할 때까지 마음이 퍽 혼란스럽다.

사무실에 도착하자마자 선배 회계사에게 물었더니 신문사의 명백한 잘못이란다. 박 과장은 조심스럽지만 독자의 입장에서 해당 신문사 '오피니언'란에 오늘 경제 기사 중 '대손충당금'과 관련한 설명에서 '쌓아야 하는', '떼일 것을 대비해 쌓아두는 돈', '적립했다'라는 등의 표현은 잘못된 것 같다고 생전 처음으로 신문사에 이메일을 보냈다.

"아니, 이게 웬일인가?"

그 다음 날 해당 신문사로부터 독자의 견해가 옳다며, 사례비까지 보낸다는 연락이 온 것이다. 지금까지 회계를 배우느라 고생한 것이 한 순간에 보상받는 기분이었다. 그러한 경험을 한 뒤 박 과장은 선배 회계사의 설명에 더 열심히 귀를 기울였다.

아내는 심심풀이로 얼마 안 되는 돈으로 주식 투자를 하고 있었다. 어느 날 아침 식사를 마치고 집을 나서려고 하는데, 아내는 아직까지 주식을 해서 시세차익을 한 번도 받아 본 적이 없다며 이제 주식 투자를 그만 두겠다고 하는 것이다.

박 과장은 아내에게 사실 최근 매주 토요일마다 외출한 것은 회계와 결산서 등에 대해 개인적인 교습을 받기 위한 것이었다며, 지금까지 투자한 회사가 어딘지를 알려 줄 수 없느냐고 물었다.

게임 다트(dart)가 아닌 증권감독원의 공시(公示) 사이트인 다트(dart)에서 그 회사의 결산서를 출력 받아 지금까지 배운 지식을 동원해 분석해 보니, 아니나 다를까, 아내가 투자한 회사의 재무상태와 경영실적이 생각했던 것보다 훨씬 못 미쳤다. 박 과장은 같은 업종의 다른 회사를 추천 할 테니 계속 주식을 해보겠느냐고 했다. 아내는 한 번 속아볼 심정으로 그렇게 하겠다는 것이다.

박 과장은 선무당 사람 잡을 수도 있지만, 그 동안 선배 회계사로부터 배운 지식을 총동원하여 한 회사를 선택하여 분석했다. 정리한 내용을 아내에게 보여 주며 이 회사에 투자해 보는 것이 어떻겠냐고 제의했다. 아내는 반신반의하는 눈치였다.

그 후 며칠이 지났다. 퇴근해 집에 들어서자마자 아내는 뜬금없이 외식을 하자는 것이다. 아내의 갑작스런 제의에 의아했지만, 식당에 도착한 그는 아내의 몇 마디에 그만 환호성을 지를 뻔 했다. 아내는 내가 제의한 그 다음 날 바로 그 회사의 주식을 샀는데 주가가 30%나 상승한 것이다. 소위 대박을 터뜨린 것이다.

박 과장은 어깨를 으쓱거렸다. 그러나 아무리 생각해도 무슨 비법을 가지고 있었던 것도 아니었다. 그가 분석한 결산서의 내용이라고 하는 것은 선배 회계사로부터 배운 회계 지식을 활용했을 뿐이다. 다시 한 번 회계를 배우기를 잘했다고 생각하니 자신도 모르게 얼굴엔 미소가 퍼져 오른다.

아직 회계 전문가는 아니지만, 회계에 대해 주눅들 정도에선 벗어난 느낌이다. 올 3/4분기에 대한 영업부 업무를 사장님을 포함한 임원회의에 보고할 시기가 곧 다가온다. 박 과장이 주축이 되어 영업부의 실적에 대한 자료를 정리해서 보고 자료 초안을 작성했다.

보고 내용에는 작년 실적, 올해의 계획과 3/4분기의 실적 대비 등은 기본이고, 특히 이번 보고 자료에는 그 동안 보고에 자신이 없어 애써 생략한 회계자료도 모두 포함시켰다. 영업부장은 이런 회계 자료 투성이의 영업 보고는 자신이 없다며, 박 과장이 보고해 줬으면 하는 눈치다. 박 과장은 내심 이번이 좋은 기회라고 생각했다.

드디어 보고하는 날이었다. 매너 좋은 박 과장은 준비한 브리핑 자료를 가지고 사장님이하 여러 임원들 앞에서 영업부에 대한 업무내용을 간략하게 설명하고, 준비된 영업 실적을 보고하였다.

보고를 다 들으신 사장님은 놀라며, 3/4분기 실적이 눈에 띄는 성장도 기분 좋지만, 박 과장의 회계적 접근방법에 놀라움을 감추지 못했다.

"박 과장, 경영학과를 졸업하지 않은 것으로 알고 있는데, 언제 어디서 회계를 배운 거야? 오늘 보고 내용을 보니 마치 경리부에서 보고하듯이 핵심을 알고 매끄럽게 보고를 잘 했어! 어떻게 된 거야?"

"사장님! 솔직히 말씀드려서 그동안 다른 분야는 자신 있는데, 회계 분야는 자신이 없어 자존심도 상하고 고민도 많이 했었습니다. 직장 생활을 하려면 회계를 반드시 알아야 하겠기에 개인 지도를 받았지요."

"박 과장, 개인지도를 받아도 그렇지, 내가 듣기로는 회계가 그리 만만치 않은 내용인데……, 어쨌든 우리 회사의 미래에 필요한 인재를 발굴한 것 같아 기분이 좋구만!"

"칭찬해주시니 감사합니다. 외람되지만 '젊은 베르테르의 슬픔'을 쓴 독일의 문호 괴테도 복식부기에 정통했다고 들었습니다. 비록 저도 역사학과를 졸업하여 회계가 어렵다고 생각을 했지만 알고 보니 특별한 것은 아니더군요. 경청해 주셔서 감사합니다."

사장님을 포함한 경영진 임원들은 모두 갈채를 보냈다. 박 과장은 너무나 감격스러웠다. 다음 달 월 조회 시간에 홍 사장은 박 과장의 예를 들며 모든 직원들은 어느 부서에 근무하든 비록 결산서는 작성하지 못한다 하더라도 결산서를 읽을 정도의 회계 교육이 필요하다는 회계 교육 '대선언'을 하였다. 물론 프로그램을 짜고 교육을 시키는 태스크 팀에

박 과장도 포함되어 있었다. 교육 받기를 좋아하지 않는 행복주식회사의 이번 교육에 대한 반응은 예상외로 좋았다. 그리고 회사 내의 커뮤니케이션도 몰라보게 잘 되고 있는 듯하다.

시간이 흘러 12월 말 인사 철이 다가 왔다. 드디어 박 과장은 1단계 승진을 해 박 차장이 되었다. 회계를 가르쳐 준 선배 회계사에게 인사를 드리러 갔다.

"선배님, 처음에 선배님의 말씀을 들을 땐 긴가민가했는데 회계를 배우고 나니 이렇게 과장에서 차장으로까지 승진 했습니다. 모두 선배님의 덕분입니다."

"무슨 소리야? 박 과장, 아니 박 차장이 열심히 들어 주어서 그렇지! 아무튼 축하하네!"

"지금이 시작이라고 생각하고 더욱 분발해서 제가 당초에 꿈꾸던 곳을 향하여 열심히 달려가도록 하겠습니다. 아무쪼록 도와주셔서 감사합니다."

선배 회사의 사무실을 나서는 박 차장의 머릿속에는 또 하나의 무지개가 떠오르고 있었다. ♣

◇ 편집 후기: 나는 이 책을 왜 그토록 쓰려고 했는가?

결산서(재무제표)는 회계전문가가 아니면 만들기 쉽지 않다. 일반인의 경우 만들어진 결산서를 읽고 활용하기만 하면 된다. 주식 투자를 하는 데도 결산서를 작성하는 것이 아니라, 결산서를 정확하게 읽고 분석하는 능력이 필요하다. 회계는 기업의 언어이다. 그 언어를 모르고 회사의 간부가 되어 보겠다고 한다면 그것은 허황된 꿈일 것이다.

이 책은 시중에 나온 대부분의 회계 서적이 대변, 차변, 거래, 분개, 시산표 작성 등 결산서를 만드는데 초점이 맞춰져 있는 것과는 다르다. 또한 결산서가 나 개인과 내가 소속된 부서와 결코 동떨어진 것도 아니며, 회계가 특별히 재미있는 것은 아닐지라도 이해하기 어려운 과목이 아님을 알리는 것이 책을 집필하게 된 동기다.

세상은 아는 만큼 보인다고 한다. 회계도 그렇다. 결산서(재무제표)를 알면 기업을 알게 되고, 주식 투자를 하더라도 그만큼 돈 벌 확률이 높아진다. 지은이는 그동안 공인회계사를 거쳐 행정과 경영 그리고 대학 강의를 두루 경험하면서 느낀 이론과 실무를 토대로 살아있는 회계 길잡이가 되도록 노력하였다.

부족한 점은 앞으로 지속적으로 보완하고자 하니, 독자 여러분의 관심과 조언을 바란다. 혜안을 갖고 이 책을 쓰도록 격려해 주신 (주)교학사의 양철우 회장님과 친구 김기수, 후배인 김덕영 선생의 진심어린 도움에 감사드린다.

2021년 8월
지은이 정병수 올림(공인회계사, 경영학박사)

결산서를 읽고 활용하는 방법

2021년 8월 25일 초판 발행

지은이 | 정 병 수
펴낸이 | 양진오
펴낸곳 | (주)교학사
편집 | 김덕영

등록 | 제18–7호(1962년 6월 26일)
주소 | 서울특별시 금천구 가산디지털1로 42(공장)
　　　서울특별시 마포구 마포대로14길 4 (사무소)
전화 | 편집부 (02)707–5311, 영업부 (02)707–5155
FAX | (02)707–5250
홈페이지 | www.kyohak.co.kr

ISBN 978–89–09–00001–7 03320